BestMasters

Mit **„BestMasters“** zeichnet Springer die besten Masterarbeiten aus, die an renommierten Hochschulen in Deutschland, Österreich und der Schweiz entstanden sind. Die mit Höchstnote ausgezeichneten Arbeiten wurden durch Gutachter zur Veröffentlichung empfohlen und behandeln aktuelle Themen aus unterschiedlichen Fachgebieten der Naturwissenschaften, Psychologie, Technik und Wirtschaftswissenschaften. Die Reihe wendet sich an Praktiker und Wissenschaftler gleichermaßen und soll insbesondere auch Nachwuchswissenschaftlern Orientierung geben.

Springer awards **“BestMasters”** to the best master’s theses which have been completed at renowned Universities in Germany, Austria, and Switzerland. The studies received highest marks and were recommended for publication by supervisors. They address current issues from various fields of research in natural sciences, psychology, technology, and economics. The series addresses practitioners as well as scientists and, in particular, offers guidance for early stage researchers.

Maximilian Rohrer

Künstliche Intelligenz im Produktinnovationsprozess

Ein Leitfaden für die Integration in die Konzepterstellungsphase

Springer Gabler

Maximilian Rohrer
Wirtschaftswissenschaften
Hochschule Karlsruhe
Karlsruhe, Deutschland

ISSN 2625-3577 ISSN 2625-3615 (electronic)
BestMasters
ISBN 978-3-658-46696-1 ISBN 978-3-658-46697-8 (eBook)
https://doi.org/10.1007/978-3-658-46697-8

Die Deutsche Nationalbibliothek verzeichnet diese Publikation in der Deutschen Nationalbibliografie; detaillierte bibliografische Daten sind im Internet über https://portal.dnb.de abrufbar.

Planung/Lektorat: Karina Kowatsch
Springer Gabler ist ein Imprint der eingetragenen Gesellschaft Springer Fachmedien Wiesbaden GmbH und ist ein Teil von Springer Nature.
Die Anschrift der Gesellschaft ist: Abraham-Lincoln-Str. 46, 65189 Wiesbaden, Germany

Gender-Disclaimer

Zur besseren Lesbarkeit wird in dieser Thesis das generische Maskulinum verwendet. Die in dieser Arbeit verwendeten Personenbezeichnungen beziehen sich – sofern nicht anders kenntlich gemacht – auf alle Geschlechter.

Zusammenfassung

Mit dem Aufkommen von OpenAIs ChatGPT hat die künstliche Intelligenz (KI) auch Einzug in das Innovationsmanagement gehalten. Hierbei zeigt sich, dass es bisher keine einheitliche Vorgehensweise zur Integration dieser in den Innovationsprozess gibt. Besonders in der Konzepterstellungsphase eines Innovationsprozesses wird KI bisher kaum eingesetzt. Die Thesis zielt darauf ab, die spezifischen Aufgaben und Herausforderungen in der Konzepterstellungsphase zu identifizieren und zu untersuchen, ob und wie KI effektiv eingesetzt werden kann. Der daraus resultierende Leitfaden bietet konkrete Anweisungen zur Integration von KI in definierte Use Cases und hebt wichtige Überlegungen hervor, die bei der Implementierung beachtet werden sollten, um den Innovationsprozess zu optimieren.

Schlüsselwörter: Künstliche Intelligenz · Produktinnovation · Konzepterstellung · Innovationsmanagement · Use Cases · Handlungsempfehlungen · Implementierung · Leitfaden

Abstract

With the emergence of OpenAI's ChatGPT, artificial intelligence (AI) has also found its way into innovation management. It shows that there is no standardised procedure for integrating it into an innovation process. Especially in the concept development phase of an innovation process, AI has hardly been used to date. This thesis aims to identify the specific tasks and challenges in the concept development phase and to analyse if and how AI can be used effectively. The resulting guideline provides concrete instructions for integrating AI into defined use cases and highlights important considerations that should be considered during implementation in order to optimise the innovation process.

Keywords: Artificial intelligence · Product innovation · Concept development · Innovation management · Use cases · Recommendations for action · Implementation · Guideline

Inhaltsverzeichnis

1 Einleitung 1
1.1 Problemstellung 1
1.2 Ziel und Forschungsfragen 4
1.3 Aufbau der Arbeit 4

2 Theoretischer Hintergrund 7
2.1 Innovationsmanagement 7
2.1.1 Produktinnovationen 8
2.1.2 Innovationsprozesse 9
2.1.3 Konzepterstellungsphase 14
2.2 Künstliche Intelligenz 19
2.2.1 Aufbau eines KI-Modells 21
2.2.2 Arten von KI 23
2.2.3 Machine Learning 24
2.2.4 KI-Tools 29
2.3 KI im Innovationsmanagement 31
2.3.1 Potenziale 31
2.3.2 Implementierungsansätze 35

3 Methodik 39
3.1 Forschungsdesign 39
3.2 Datenerhebung 41
3.3 Datenanalyse 44

4 Design des Artefakts 49
4.1 Definition der Use Cases 49

4.2 Aufgaben und Herausforderungen in der Konzepterstellungsphase 51
4.2.1 Aktuelle Vorgehensweisen 52
4.2.2 Analyse der Herausforderungen und Probleme 56
4.3 Bewertung des Einsatzes von KI 61
4.4 Konzeption des Leitfadens 71
4.4.1 Lösung der Herausforderungen und Probleme 71
4.4.2 Erstellung des Leitfadens 75

5 Zusammenfassung und Ausblick 85
5.1 Zusammenfassung der Ergebnisse 85
5.2 Ausblick auf weitere Entwicklungen 88

Literaturverzeichnis 91

Abkürzungsverzeichnis

AGI	Artificial General Intelligence
AIMI	AI Innovation Maturity Index
ANI	Artificial Narrow Intelligence
ASI	Artificial Superintelligence
DSR	Design Science Research
ERP	Enterprise Resource Planning
F&E	Forschung und Entwicklung
GAN	Generative Adversarial Network
GPU	Grafikprozessoreinheit
KI	Künstliche Intelligenz
LLM	Large Language Model
ROI	Return on Invest
SAM	Serviceable Addressable Market
SOM	Serviceable Obtainable Market
TAM	Total Addressable Market
VAE	Variationaler Autoencoder

Abbildungsverzeichnis

Abbildung 1.1 In welchen Phasen des Innovationsprozesses wird KI in Ihrem Unternehmen genutzt? ... 3
Abbildung 2.1 Unterschiedliche Abgrenzungen von betriebswirtschaftlichen Innovationsprozessen ... 10
Abbildung 2.2 Phasenmodell nach Thom (1980) ... 11
Abbildung 2.3 Innovationsprozess nach Herstatt ... 12
Abbildung 2.4 Vergleich gängiger Innovationsprozesse ... 13
Abbildung 2.5 Input-Output-Beziehung der Konzeptionsphase ... 14
Abbildung 2.6 Bausteine eines KI-Systems ... 21
Abbildung 2.7 Schritte von K-mean Clustering (Weber 2020, 55) ... 26
Abbildung 2.8 Vereinfachte Darstellung eines GANs ... 27
Abbildung 2.9 Ebenen von KI-Tools im Rahmen der Arbeit ... 30
Abbildung 2.10 Wenn KI im Innovationsprozess eingesetzt wird, in welcher Funktion wird sie eingesetzt? ... 32
Abbildung 2.11 Rollen von KI als Forschungsinstrument im Innovationsmanagement ... 34
Abbildung 2.12 Ebenen der Informationsverarbeitungsfähigkeit nach Haefner (Haefner et al. 2021, 7) ... 35
Abbildung 2.13 AI Canvas nach Agrawal et al. (Agrawal et al. 2022, 159) ... 38
Abbildung 3.1 Ablaufschema inhaltlich strukturierende Inhaltsanalyse ... 47
Abbildung 4.1 Übersichtskarte zum Use Case „Überprüfung der technischen Machbarkeit“ ... 76
Abbildung 4.2 Schema eines möglichen KI-Einsatzes im Use Case „Wirtschaftlichkeitsanalyse“ ... 77

Abbildung 4.3 Schema eines möglichen KI-Einsatzes im Use Case „Markt- und Wettbewerbsanalyse“ ... 78
Abbildung 4.4 Schema eines möglichen KI-Einsatzes im Use Case „Ausarbeitung des Produktkonzepts durch Spezifikationen“ ... 79
Abbildung 4.5 Schema eines möglichen KI-Einsatzes im Use Case „Konzeptauswahl und -bewertung“ ... 79

Tabellenverzeichnis

Tabelle 2.1 Aufgaben nach Gassmann/Sutter (2011) 15
Tabelle 2.2 Aufgaben nach Ulrich (2008) 17
Tabelle 2.3 Aufgaben nach Hofbauer/Sangl (2018) 17
Tabelle 2.4 Aufgaben nach Cooper (1988) 18
Tabelle 3.1 Ein- und Ausschlusskriterien der Suche 42
Tabelle 4.1 Zuordnung der Autoren zu den Use Cases 50
Tabelle 4.2 Übersicht der Probleme je Use Case 72

Einleitung 1

1.1 Problemstellung

In der heutigen Geschäftswelt eröffnet der Einsatz von künstlicher Intelligenz (KI) Unternehmen eine Vielzahl neuer Möglichkeiten. Vier grundlegende Faktoren ermöglichen Unternehmen heutzutage den Einsatz von KI: Fortschritte in der Informationstechnologie, insbesondere in Bezug auf Speichereinheiten und der einfachere Zugang zu Neuronalen Netzen, einfachere Abspeicherung und Zuordnung von Daten innerhalb einer Organisation, sinkende Kosten für Hardware sowie die zunehmende Verfügbarkeit cloud-basierter Services (Krogh 2018, 404–405). Diese Fortschritte führen dazu, dass Unternehmen vermehrt in KI-Projekte investieren. So zeigt eine Studie des Institute for Human-Centered AI der Stanford University, dass die weltweiten Gesamtinvestitionen der Unternehmen in KI sich in den letzten 10 Jahren verdreizehnfacht hat (Maslej et al. 2023, 184).

Besonders die europäische Wirtschaft könnte von dem hohen Potenzial der KI profitieren (Szczepanski 2019, 3). Seifert et al. (2018) sieht dabei vor allem aufgrund der zunehmenden Digitalisierung Chancen für das produzierende Gewerbe in Deutschland (Seifert et al. 2018, 8). Hierbei können auch Chancen im Bereich des Innovationsmanagement identifiziert werden. Dies zeigt die Studie von Bilgram/Füller (2019) in der 76 % von 163 befragten Managern aus verschieden großen Unternehmen einen Zuwachs an Effizienz im Innovationsmanagement durch den Einsatz von KI erwarten (Bilgram und Füller 2019, 3).

Ergänzende Information Die elektronische Version dieses Kapitels enthält Zusatzmaterial, auf das über folgenden Link zugegriffen werden kann https://doi.org/10.1007/978-3-658-46697-8_1.

M. Rohrer, *Künstliche Intelligenz im Produktinnovationsprozess*, BestMasters,
https://doi.org/10.1007/978-3-658-46697-8_1

Zwar nutzen bisher nur 15 % der Befragten KI im Innovationsmanagement, in Zukunft wollen es 60 % aber anwenden (Bilgram und Füller 2019, 3). Haefner et al. (2021) hebt vor, dass das Wissen über das Können von KI in kreativen Bereichen noch sehr gering ist (Haefner et al. 2021, 2). Dennoch lassen die Ergebnisse eine Tendenz erkennen, nämlich den klaren Willen und das große Interesse, KI verstärkt einzusetzen. Die Unterstützung eines Innovationsprozesses durch KI verspricht auch insofern einen Mehrwert für Unternehmen, indem sie sowohl das Risiko als auch die Kosten innerhalb des Innovationsprozesses verringert (Haefner et al. 2021, 2). Somit eröffnet KI das Potenzial, den Innovationsprozess nachhaltig zu verändern (Cockburn et al. 2018, 1).

Die Innovation Survey von Deloitte (2018) zeigt, dass insbesondere neue Technologien Innovationen triggern (Deloitte Greece 2018, 6). Als eine neue Technologie kann die KI definiert werden. Auf Basis dieser sind in den vergangenen Jahren KI-Tools für verschiedenste Aufgaben, wie Datenanalyse, Sprachverarbeitung und Bildgenerierung, um nur einige zu nennen, entwickelt worden. Besonders die Entwicklung von OpenAI's ChatGPT bietet eine Plattform für solche Anwendungen (OpenAI o. D.).

In der Vergangenheit wurde oftmals angenommen, dass nur Menschen innovativ sein können, weshalb KI zunächst im Innovationsmanagement nicht berücksichtigt wurde. Gleichzeitig erhöht sich jedoch der Druck auf Innovationsmanager durch neue technologische Errungenschaften und ein sich schnell veränderndes Umfeld (Haefner et al. 2021, 1). Auch der Wettbewerb spielt eine bedeutende Rolle. Im heutigen Wettbewerbsumfeld sind Unternehmen verstärkt herausgefordert, da konkurrierende Unternehmen, die auf KI und datengetriebene Strategien setzen, qualitativ hochwertige Produkte zu niedrigeren Kosten anbieten und gleichzeitig direkten Zugang zu potenziellen Kunden haben (Heidrich et al. 2022, 2). Wegen der Verarbeitung großer Datenmengen, ist das Erzielen guter Ergebnisse bislang sehr zeitaufwändig. Die Fortschritte der KI im Umgang mit großen Datenvolumen, können eine Steigerung der Effizienz und Effektivität im Innovationsmanagement ermöglichen (Chan et al. 2022, 5; Füller et al. 2022b, 1).

Dennoch hält Siegel (2023) fest, dass KI in Unternehmen oftmals keinen wirklichen Wert in Projekte bringt, da besonders Machine Learning Algorithmen meist keine konkrete Orientierung gegeben wird, was genau gelöst werden soll (Siegel 2023, o.S.). Daher gehen die KI Projekte der meisten Unternehmen nicht über einen Proof of Concept Status hinaus (Benbya et al. 2020, 2).

Trotzdem wollen viele Unternehmen KI künftig einsetzen. Die Studie von Bilgram/Füller (2019) kommt zu dem Ergebnis, dass es viele Ansätze, jedoch keine festgelegte Strategie, zur Implementierung von KI im Innovationsmanagement gibt (Bilgram und Füller 2019, 3).

In der Literatur werden viele Ansätze und Ideen diskutiert, wie im Innovationsmanagement Produkte systematisch erarbeitet werden können. Ein Ansatz ist beispielsweise das Fünf-Phasen-Modell nach Reichwald/Piller (2017). Es beinhaltet die Ideengenerierung, die Konzeptentwicklung, den Prototyp, den Produkt- bzw. Markttest sowie die Markteinführung (Reichwald und Piller 2006, 119). Prozesse die ebenfalls eine Konzepterstellung beinhalten sind beispielsweise der Innovationsprozess nach Herstatt, das Prozessmodell von Ulrich und Eppinger oder auch der Stage-Gate-Prozess der zweiten Generation nach Cooper (Verworn und Herstatt 2000, 13).

Die Studie von Weigand et al. (2021) (Abbildung 1.1) betrachtet den Innovationsprozess nach Herstatt und befragte Unternehmen und Studierende, in welcher Phase KI bisher eingesetzt wird.

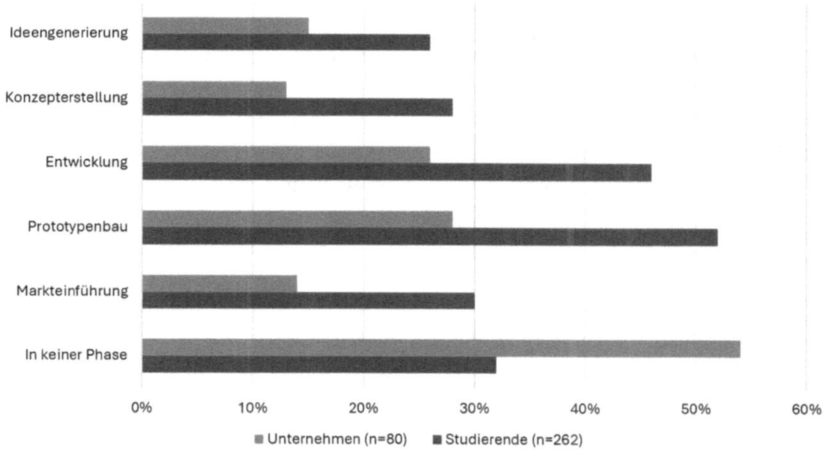

Abbildung 1.1 In welchen Phasen des Innovationsprozesses wird KI in Ihrem Unternehmen genutzt?. (Eigene Darstellung nach Weigand et al. 2021, S. 29)

Dabei zeigt sich zum einen, dass die befragten Studierenden den möglichen Einsatz deutlicher höher einschätzen, als dass er tatsächlich ist. Auffällig ist außerdem, dass Unternehmen in der Konzepterstellungsphase mit 13 % bisher am wenigsten KI nutzen. Diese Arbeit soll sich daher dem Einsatz von KI in dieser Phase widmen. Die genaue Zielsetzung und Forschungsfragen werden im folgenden Kapitel behandelt.

1.2 Ziel und Forschungsfragen

Die Thesis soll untersuchen, wie KI in der Konzepterstellungsphase eines Produktinnovationsprozesses implementiert werden kann. Dazu wird das Innovationsmanagement branchenübergreifend betrachtet und die wichtigsten Aufgaben unternehmensübergreifend identifiziert.

Ziel der Arbeit ist es, Anwendern eine Hilfe bereitzustellen, die bei der Implementierung von KI in die Konzepterarbeitung unterstützen kann. Hierzu soll ein Leitfaden entwickelt werden, mit dem Anwender erste Schritte wagen können, um KI für die Aufgaben der Konzepterstellung einzusetzen.

Zur Erreichung dieses Ziels sollen folgende Forschungsfragen beantwortet werden:

- Welche spezifischen Aufgaben und Herausforderungen treten in der Konzepterstellungsphase auf?
- Wie und in welchen Teilschritten der Konzepterstellungsphase kann KI wirkungsvoll eingesetzt werden?
- Welche Vorgehensweisen können definiert werden, um den Einsatz von KI in der Konzepterstellung zu erleichtern?

1.3 Aufbau der Arbeit

Zur Beantwortung der Forschungsfragen muss eine entsprechende Forschungsstrategie verfolgt werden. Während die Forschungsstrategie die Forschung auf einer hohen Ebene beschreibt, muss sie durch entsprechende Forschungsmethoden ergänzt werden, mit welchen Forschung auf einer niedrigeren, detaillierteren Ebene stattfinden kann. Forschungsmethoden geben an, wie Daten beispielsweise durch Interviews, Fragebögen oder statistische Methoden gesammelt und analysiert werden sollen (Johannesson und Perjons 2014, 38).

Die übergeordnete Forschungsstrategie dieser Arbeit soll der Design Science Research (DSR) Methodologie folgen. Der von Hevner entwickelte Ansatz kann wie folgt definiert werden: „Design science research is a research paradigm in which a designer answers questions relevant to human problems via the creation of innovative artifacts, thereby contributing new knowledge to the body of scientific evidence. The designed artifacts are both useful and fundamental in understanding that problem" (Hevner und Chatterjee 2010, 5). Die Erläuterung des Artefakts deckt sich auch mit der Definition von Johannesson/Perjons (2014) welche es als einen von Menschen hergestellten Gegenstand nennen, der ein praktisches Problem lösen soll (Johannesson und Perjons 2014, 13).

Nach Hevner et al. (2004) können Artefakte verschiedene Ausprägungen haben: Konstrukte (Vokabular und Symbole), Modelle (Abstraktionen und Repräsentationen), Methoden (Algorithmen and Praktiken) und Instanzen (implementierte und prototypische Systeme) (Hevner et al. 2004, 77). Damit ein Artefakt nützlich ist, muss ein bisher ungelöstes Problem gelöst und anschließend evaluiert werden, damit die Nützlichkeit garantiert ist (Hevner et al. 2004, 78). Um die Entwicklung, Konstruktion und Evaluation des Artefakts nach akademischen Vorgaben zu gestalten, muss die vorhandene Wissensbasis herangezogen und genutzt werden. Diese Wissensbasis besteht aus bestehenden Grundlagen und Methoden, die in erster Linie die Rechtfertigung und Bewertung von konstruierten Artefakten oder verbesserten Theorien unterstützen (Hevner et al. 2004, 82).

Die genaue Umsetzung in dieser Arbeit erfolgt nach dem Vorgehensmodell von Pfeffers (2007). Dieser definiert sechs Schritte, um ein wissenschaftlich fundiertes Artefakt zu entwickeln:

1. Problemidentifikation
2. Definition der Ziele einer Lösung
3. Design und Entwicklung
4. Demonstration
5. Evaluation
6. Kommunikation

(Peffers et al. 2007, 54)

Die Schritte finden sich in angepasster Form in der Gliederung wieder.

In Kapitel 2 wird zunächst der theoretische Hintergrund zu der Thematik erläutert. Hierbei wird ein Überblick über das Innovationsmanagement geben und verschiedene Innovationsprozesse betrachtet, ehe tiefer auf die Konzepterstellungsphase eingegangen wird. Außerdem wird eine kurze Einführung in die Thematik der KI gegeben und die aktuelle Forschung im Bereich KI im Innovationsmanagement erläutert. Die Problemidentifikation sowie die Definition der Ziele einer Lösung werden in Kapitel 2 sowie Kapitel 1 behandelt. In Kapitel 3 wird das methodische Vorgehen der Forschung dargelegt. Hierbei wird neben dem Forschungsdesign auf die Art der Datenerhebung und Analysenmethoden genauer eingegangen. Dieses Kapitel deckt ebenfalls Schritt 2 Definition der Ziele einer Lösung in Pfeffers Vorgehensmodell ab und zeigt gleichzeitig die Vorgehensweise zu Erreichung dieser Ziele. In Kapitel 4 wird das Artefakt, also der Leitfaden, entwickelt. Dieses bildet Schritt 3 in Pfeffers Modell ab. In diesem Kapitel werden die Use Cases entwickelt, die Ergebnisse der Befragungen dargelegt und der Leitfaden konzeptioniert. In Kapitel 5 werden die wichtigsten Ergebnisse zusammengefasst und die in Kapitel 1 aufgestellten Forschungsfragen beantwortet.

Die Demonstration des Artefakts, Pfeffers vierter Schritt, erfolgt in Teilen in Abschnitt 4.4 und findet sich in vollständiger Fassung in Anhang C im elektronischen Zusatzmaterial. Die Evaluation kann aufgrund des begrenzten Umfangs nicht in dieser Arbeit dargestellt werden. Pfeffers letzter Schritt des Vorgehensmodells, der Kommunikation, erfolgt im Rahmen der Abgabe der Arbeit. Zusätzlich wird das Artefakt im Rahmen des Kolloquiums im Hochschulumfeld vorgestellt.

Theoretischer Hintergrund 2

Der theoretische Hintergrund umfasst wichtige Konzepte zum Innovationsmanagement und KI. Ferner wird der Themenbereich KI im Innovationsmanagement näher beleuchtet.

2.1 Innovationsmanagement

Um Innovationsmanagement näher definieren zu können, muss zunächst die Innovation an sich betrachtet werden. Innovationen sind von Inventionen abzugrenzen, da „[…] sie nicht zeitpunktbezogen, sondern prozessbezogen sind.“ (Vahs und Brem 2015, 235). Dennoch bildet die Invention die Grundlage für eine Innovation, denn dabei handelt es sich lediglich um die technische Umsetzung einer Problemlösung oder neugenerierten Idee. Eine Invention wird dann zur Innovation, wenn sie in den Markt eingeführt wird (Vahs und Brem 2015, 21; Vahs und Brem 2015, 235; Hofbauer und Sangl 2018, 74). „Aus betriebswirtschaftlicher Sicht ist Innovation die Durchsetzung neuer technischer, wirtschaftlicher, organisatorischer und sozialer Problemlösungen im Unternehmen. Sie ist darauf gerichtet, Unternehmensziele auf neuartige Weise zu erfüllen.“ (Pleschak und Sabisch 1996, 1). Innovationen zeichnen sich besonders durch ihren Neuheitsgrad, Unsicherheit, Komplexität und Konfliktgehalt aus, wobei der Neuheitsgrad als herausstechendes Merkmal einer Innovation gesehen wird (Vahs und Brem 2015, 31–35). Die Merkmale sind dabei nicht unabhängig voneinander, insbesondere der Neuheitsgrad und die Komplexität haben Einfluss auf Unsicherheit und Konfliktgehalt (Thom 1980, 390–391). Darauf basierend umfasst das Innovationsmanagement „[…] alle Planungs-, Entscheidungs-, Organisations- und

M. Rohrer, *Künstliche Intelligenz im Produktinnovationsprozess*, BestMasters,
https://doi.org/10.1007/978-3-658-46697-8_2

Kontrollaufgaben im Hinblick auf die Generierung und die Umsetzung von neuen Ideen in marktfähige Leistungen." (Vahs und Brem 2015, 28).

Je nach Autor, können Innovationen verschieden unterschieden und klassifiziert werden. Vahs/Brehm (2015) schlagen für die Kategorisierung von Innovationen vier verschiedene Differenzierungskriterien vor: Gegenstandsbereich, Auslöser, Neuheitsgrad, Veränderungsumfang (Vahs und Brem 2015, 52). Pleschak/Sabisch (1996) schlagen beispielsweise zur Klassifizierung von Innovationen nur anhand des Grades der Neuerung in folgender Abstufung, beginnend mit der größten Neuerung, vor: Basisinnovation, Verbesserungsinnovation, Anpassungsinnovation, Imitation und Scheininnovation (Pleschak und Sabisch 1996, 4). Nach Disselkamp (2012) kann grundsätzlich zwischen fünf Arten von Innovationen unterschieden werden: Produktinnovationen, Prozessinnovationen, Marktmäßige Innovationen, Strukturelle Innovationen sowie kulturelle Innovationen (Disselkamp 2012, 21). Darüber hinaus können Innovationen in soziale und organisatorische Innovationen, Marketing- und Geschäftsmodellinnovationen sowie Dienstleistungsinnovationen unterschieden werden (Vahs und Brem 2015, 52). In dieser Arbeit sollen vorrangig Produktinnovationen betrachtet werden.

2.1.1 Produktinnovationen

Die Abgrenzung, was genau eine Produktinnovation ist, ist aufgrund des weitläufigen Produktbegriffs schwer zu treffen. Ein möglicher Ansatz beinhaltet die Definition des Neuheitsgrades eines Produkts aus Herstellersicht, indem ein Mindestprozentsatz an Gesamtkosten festgelegt wird, ab welchem dieses als eine Neuheit gilt (Thom 1980, 33–35). Dies kann der Fall sein, wenn beispielsweise eine veränderte Komponente eine bestimmte Schwelle überschreitet. Vahs/Brem (2015) definieren Produkte als „[...] die von einem Unternehmen im Markt angebotenen materiellen und immateriellen Leistungen (Sachleistungen und Dienstleistungen), die durch ihre spezifischen Funktionen und Eigenschaften dazu geeignet sind, die tatsächlichen oder die potenziellen Kundenbedürfnisse zu befriedigen." (Vahs und Brem 2015, 53). Den Übergang zu Produktinnovationen wird in der Definition von Disselkamp (2012) durch den Bezug auf die Kunden geschaffen: „Produktinnovationen sind neue oder verbesserte Produkte, die von den Kunden als nützlich angesehen und dementsprechend gekauft werden." (Disselkamp 2012, 21). Disselkamp (2012) spezifiziert hier seine Definition und merkt an, dass es sich bei dem Produkt oder der Dienstleistung um etwas „merklich" Neues handeln muss. Hierbei spielt ein neuer Nutzen für den Kunden oder eine andere Anwendergruppen eine besondere Rolle, da dieser das Hauptkaufmotiv ist

(Disselkamp 2012, 22–23). Dieser neue Nutzen ermöglicht es dem Nutzer, neue Absichten zu erfüllen oder bestehende Absichten auf völlig neue Weise zu realisieren (Hauschildt et al. 2023, 5). Allerdings tragen Produktinnovationen nicht nur zur Erhöhung des Kundennutzens, sondern auch zur Verbesserung der Produktqualität bei (Pleschak und Sabisch 1996, 9). Produktinnovationen umfassen also neben physischen Produkten auch Dienstleistungen (Disselkamp 2012, 24). Produktinnovationen grenzen sich insofern von Produktvariation, -standardisierung und -differenzierung ab, als das ein neues Produkt auf einem neuen oder auch alten Markt eingeführt wird (Disselkamp 2012, 22). „Ziel dieser Innovation ist das Bewirken von Effektivität.“ (Hauschildt et al. 2023, 5). Vahs/Brem (2015) hingegen nennen das primäre Ziel von Produktinnovation, die Wettbewerbsstellung durch die Einführung neuer Produkte zu stärken oder zu erweitern (Vahs und Brem 2015, 54).

2.1.2 Innovationsprozesse

Ein Innovationsprozess zeichnet nach sich Vahs/Brem (2015) besonders dadurch aus, dass er alle Schritte von der Ideengenerierung bis zur Markteinführung abdeckt und gleichzeitig genügend Flexibilität bietet, um sich dem Markt und Kunde schnell anzupassen (Vahs und Brem 2015, 229). Diese Definition zeigt starke Ähnlichkeiten zu der von Rüggeberg/Burmeister (2008): „Ein Innovationsprozess ist eine Folge von Tätigkeiten, beginnend mit der Ideengenerierung bis zur Vermarktung einer Innovation, der zur Vereinfachung der Betrachtung in einzelne Phasen zerlegt wird.“ (Rüggeberg und Burmeister 2008, 6). Auch die Definition von Weiber et al. (2006) zeigt den ganzheitlichen Charakter eines Innovationsprozesses: „Der Innovationsprozess bezeichnet dabei die Gesamtheit der Aktivitäten, die in Zusammenhang mit der Einführung einer Innovation stehen und lässt sich durch verschiedene Phasen charakterisieren, die jeweils bestimmte Aktivitäten repräsentieren.“ (Weiber et al. 2006, 119).

Die Hauptaufgabe des Innovationsprozesses besteht darin, mit zugänglichen Ressourcen in gegebener Zeit ein absatzfähiges Produkt zu entwickeln (Vahs und Brem 2015, 229). Dabei sind Innovationsprozesse insofern von Routineprozessen wie klassischen Produktentwicklungsprozessen abzugrenzen, als dass sie komplexer und unsicherer sind (Vahs und Brem 2015, 27).

Bei der Modellierung von Innovationsprozessen besteht ein Spannungsfeld zwischen Detail und Allgemeingültigkeit. Ist der Prozess eher allgemein gehalten, ist er dem realen Tun näher. Ist der Prozess sehr detailliert, ist er aussagekräftiger, aber mehr auf ein Unternehmen oder eine Branche spezifiziert (Vahs und

Brem 2015, 235; Verworn und Herstatt 2000, 2). Auch Thom (1980) betont die Schwierigkeit, ein geeignetes Modell zur Beschreibung des Innovationsprozesses zu entwickeln. Ein Modell sollte nicht als undurchschaubares Phänomen dargestellt oder auf nachträgliche Analysen beschränkt werden, sondern muss im Innovationsmanagement praktisch anwendbar sein (Thom 1980, 51). Daher gibt es für Unternehmen nicht den einen universellen Innovationsprozess (Gassmann und Sutter 2011, 41), sie müssen stattdessen den Prozess individuell anpassen. Bereits Thom (1980) erkannte, dass verschiedene Phasenmodelle zu Unternehmen passen (Thom 1980, 392–394). Grundsätzlich sind „ [...] die Entwicklung einer Marketing- und Vertriebskonzeption, die Beschaffung von Produktionsmitteln, die Auswahl von Zulieferern und ggf. die Nullserienfertigung bzw. die Produktion von Lagerbeständen vor dem Absatzstart" (Gerpott 2005, 49) wichtige Aktivitäten in einem Produktinnovationsprozess. Jedoch sollten auch Stakeholder als Entscheider, Multiplikatoren und Ideengeber mit eingebunden werden. Dazu gehören unter anderem Kunden, Lieferanten sowie auch andere Unternehmensbereiche (Disselkamp 2012, 60). Aufgrund dieser Gegebenheiten müssen viele verschiedene Prozesse entwickelt werden.

Nachfolgend werden einige in der Literatur und Praxis verbreitete Prozesse betrachtet. Gerpott (2005) liefert eine übergeordnete Ansicht, welche Aktivitäten inwiefern zu einem Innovationsprozess zählen. Abbildung 2.1 zeigt die drei Abgrenzungen.

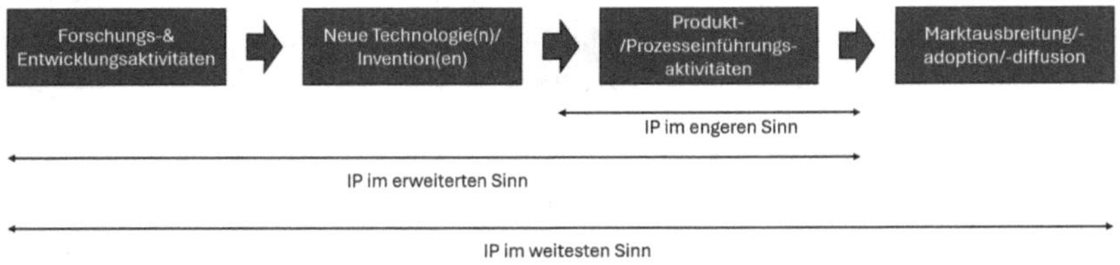

Abbildung 2.1 Unterschiedliche Abgrenzungen von betriebswirtschaftlichen Innovationsprozessen. (Eigene Darstellung nach Gerpott 2005, 49)

Gerpott (2005) weist zudem auf eine prozessorientierte Sicht von Innovationen hin. Demnach ist der Innovationsprozess als eine logische und zeitliche Abfolge von Aktivitäten und Entscheidungen zu sehen. Hierbei schlägt er drei Abgrenzungen vor die, je nach Definition des Start- und Endpunktes, unterschiedlich umfassend sind. Der Innovationsprozess im engeren Sinn umfasst hierbei alle Aktivitäten, die innerhalb eines Unternehmens ablaufen, um ein neues Produkt am Markt einzuführen. Die Betrachtung des Innovationsprozesses im erweiterten Sinn inkludiert zusätzlich zu den bestehenden Innovationsaktivitäten auch Forschungs- und Entwicklungsaktivitäten, die bestenfalls eine Invention bzw. einen funktionsfähigen Prototyp hervorbringen. Der Innovationsprozess im weitesten Sinn fügt dem Innovationsprozess mit der Marktausbreitung noch einen weiteren wichtigen Baustein des betrieblichen Innovationsprozesses hinzu. Hierbei ist die „[…] Berücksichtigung der Innovationsdiffusion insofern positiv zu bewerten, als dass so auch der Markterfolg und Schlüsselfaktoren, welche die Akzeptanz eines Neuproduktes beeinflussen, mit in die Analyse einbezogen werden.“ (Gerpott 2005, 48–50).

Der von Thom (1980) entwickelte Prozess beschreibt einen erweiterten Zweiphasen-Prozess bestehend aus Ideengenerierung, Ideenakzeptierung sowie Ideenrealisierung (Thom 1980, 53). Abbildung 2.2 zeigt den dreistufigen Prozess, welcher wiederum in weitere Subphasen unterteilt ist.

Phasen von Innovationsprozessen		
Hauptphasen		
1. Ideengenerierung	2. Ideenakzeptierung	3. Ideenrealisierung
Spezifizierung der Hauptphasen		
1.1 Suchfeldbestimmung	2.1 Prüfung der Ideen	3.1 Konkrete Verwirklichung der neuen Idee
1.2 Ideenfindung	2.2 Erstellung von Realisationsplänen	3.2 Absatz der neuen Idee an Adressaten
1.3 Ideenvorschlag	2.3 Entscheidung für einen zu realisierenden Plan	3.3 Akzeptanzkontrolle

Abbildung 2.2 Phasenmodell nach Thom (1980). (Eigene Darstellung nach Thom 1980, 53)

Gassmann/Sutter (2011) beschreiben ihren „generischen Innovationsprozess“ als universelles Modell für Unternehmen. Dieser Prozess gliedert sich in zwei Hauptphasen: die “Wolkenphase” und die “Bausteinphase”. Die Wolkenphase umfasst die kreativen Prozesse der Ideenfindung und -entwicklung bis hin zur Ausformulierung eines Business Case. Die Bausteinphase hingegen bezieht sich auf die konkrete Entwicklung, Markteinführung und anschließende Betreuung des Produkts (Gassmann und Sutter 2011, 40).

Einer der wohl bekanntesten Prozesse, sowohl im englisch- als auch deutschsprachigen Raum, ist der Stage-Gate Prozess von Cooper. Dieser teilt den

Innovationsprozess in folgende fünf Phasen auf: Festlegung der Reichweite, Abstecken des Rahmens, Entwickeln, Testen und Validieren, Markteinführung (Cooper 2010, 146). Der Prozess wird dort in Phasen unterteilt, welche sequenziell ablaufen. Nach jeder Phase wird der Fortschritt durch das Management geprüft und entschieden, ob das Projekt weitergeführt wird (Verworn und Herstatt 2000, 2; Gassmann und Sutter 2011, 39). Problematisch bei diesem Prozess sind wichtige, fehlende Phasen eines Innovationsprozesses, wie die Ideengenerierung und das Marketing (Verworn und Herstatt 2000, 2–3).

Ein weiterer Prozess der Neuproduktentwicklung ist der Innovationsprozess nach Herstatt (1999). Bestehend aus fünf Phasen (Ideengenerierung- und Bewertung, Konzepterarbeitung, Entwicklung, Prototypenbau und Testing, Produktion und Markteinführung), zeichnet sich dieser durch die enge Verknüpfung und den fließenden Übergang zwischen den Phasen aus (Verworn und Herstatt 2000, 10–11). Abbildung 2.3 zeigt den Innovationsprozess nach Herstatt.

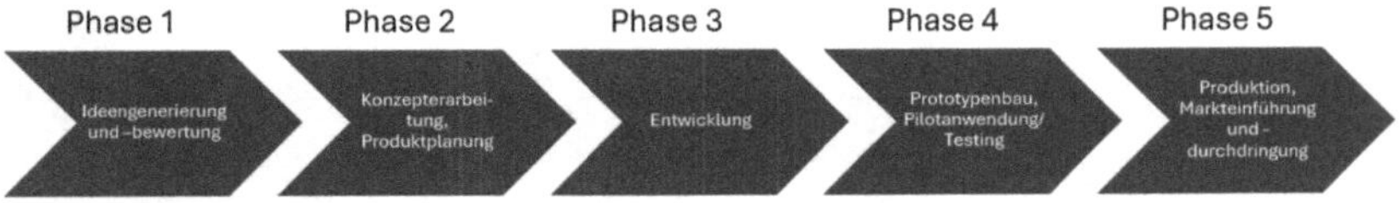

Abbildung 2.3 Innovationsprozess nach Herstatt. (Eigene Darstellung nach Verworn und Herstatt 2000, 11)

Vahs/Brem (2015) versuchen mit ihrem Grundschema einen idealisierten Innovationsprozess abzubilden. Dabei sollen die Kernelemente vieler weiterer Innovationsprozesse dargestellt und konsolidiert werden (Vahs und Brem 2015, 230). Daher ist dieser Prozess mit sieben Phasen auch der längste der untersuchten Prozesse und ist wie folgt aufgegliedert: Ideengenerierung, Ideenerfassung, Screening, Bewertung, Entscheidung, Umsetzung und Markteinführung. Zusätzlich sollte es ein Innovationscontrolling geben, dass in jeder Phase unterstützt (Vahs und Brem 2015, 230).

Ähnlich dazu stellen auch Pleschak/Sabisch (1996) ihren idealisierten Prozess bestehend aus fünf Phasen vor: Ideengewinnung und -bewertung, Projekt- und Programmplanung inklusive Wirtschaftlichkeitsrechnung, Forschung und Entwicklung Produktionseinführung und Markteinführung. Der Prozess beinhaltet neben den Arbeitsprozessen innerhalb der Phasen zudem die Folgen bei Erreichen oder Nicht-Erreichen des Ziels der Phase. So ist eine Folge beim Nicht-Erreichen des Zieles in der Ideengewinnung eine ausgeschiedene Idee. In der Phase der Markteinführung wäre dies beispielsweise ein „Marktflop“.

Außerdem werden entsprechende Rückkopplungen zwischen den Phasen berücksichtigt (Pleschak und Sabisch 1996, 24–26). Pleschak/Sabisch (1996) merken an, dass reale Prozesse „nichtlinear" verlaufen, sondern mehrfache Iterationen durchführen, welche durch Rückkopplungen, parallel verlaufende Teilprozesse, nichtlineare zeitliche Abläufe und die Verzahnung von Zulieferer und Kunden in den Innovationsprozess hervorgerufen werden (Pleschak und Sabisch 1996, 26).

Disselkamp (2012) orientiert sich mit dem vom ihm entwickelten Prozess an der Praxistauglichkeit und Einfachheit (Disselkamp 2012, 94). So beinhaltet sein Prozess ebenfalls fünf Phasen: Identifikation, Selektion, Präparation, Realisation und Reflektion (Disselkamp 2012, 95). Zusätzlich hat der Prozesse eine Rückkopplung von der Reflektion zur Identifikation, da die Reflektion nicht das Ende darstellen sollte, sondern der Ausgangspunkt für weitere Ideen und Projekte (Disselkamp 2012, 97).

Die vorgestellten Prozesse zeichnen sich durch ihren starken Einfluss in der wissenschaftlichen Literatur und ihrer Relevanz in der Praxis aus (Verworn und Herstatt 2000, 2). Abbildung 2.4 zeigt eine Übersicht über eine Auswahl der in der Literatur gängigen Innovationsprozesse.

Autoren	Phaseneinteilung						
	1	2	3	4	5	6	7
Vahs/Brem (2015)	Ideengenerierung	Ideenerfassung	Screening	Bewertung	Entscheidung	Umsetzung	Markteinführung
Cooper (1988)	Idee	Vorläufige Bewertung	Konzept	Entwicklung	Prüfung	Versuch	Launch
Hofbauer/Sangl (2018)	Identifikation von Innovationschancen	Ideengenerierung und –bewertung	Konzeptentwicklung	Prüfung	Markteinführung	Lifecycle-Management	
Herstatt (2000)	Ideengenerierung	Konzepterarbeitung	Entwicklung	Prototypenbau & Testing	Produktion & Markteinführung		
Reichwald/Piller (2006)	Ideengenerierung	Konzeptentwicklung	Prototyp	Produkt/Markttest	Markteinführung		
Cooper (2002)	Scoping	Business Case	Entwicklung	Test& Validierung	Markteinführung		
Pleschak/Sabisch (1996)	Ideengewinnung&-bewertung	Projekt- & Programmplanung	Forschung & Entwicklung	Produktion & Fertigung	Markteinführung		
Disselkamp (2012)	Identifikation	Selektion	Präparation	Realisation	Reflektion		
Weiber et al. (2006)	Festlegung der Suchrichtung	Ideenfindung	Forschung & Entwicklung	Markterprobung			
Thom (1980)	Ideengenerierung	Ideenakzeptierung	Ideenrealisierung				
Gassmann et al. (2011)	Wolkenphase	Bausteinphase					

Abbildung 2.4 Vergleich gängiger Innovationsprozesse. (Eigene Darstellung)

Die dargestellten Prozesse reichen von zwei bis sieben Phasen. Je nach spezifischer organisatorischer und umweltbezogener Situation zeigen die verschiedenen Schwerpunktsetzungen in den dargestellten Prozessen die unterschiedliche Bedeutung bestimmter Phasen. Hier zu merkt Disselkamp (2012) an: „Entscheidend ist nicht die Namensgebung oder Detaillierung der einzelnen Phasen im

Innovationsprozess, sondern dass der Prozess als ein solcher erkannt sowie konsequent verfolgt und abgearbeitet wird.“ (Disselkamp 2012, 94). Auffällig bei Prozessen mit weniger Phasen ist, dass diese oftmals noch feiner untergliedert sind (Weiber et al. 2006, 121). „Allen Prozessmodellen gemeinsam ist deren Vereinfachung überlappender, zyklischer und rückgekoppelter Abläufe zu einer linearen Abfolge von Aktivitäten und Entscheidungen.“ (Hauschildt et al. 2023, 137). Es gibt in der Literatur keine klare Einigkeit darüber, wie man die verschiedenen Phasen genau abgrenzen und definieren soll. Grundsätzlich sind all diese Modelle sogenannte Phasenmodelle.

2.1.3 Konzepterstellungsphase

Aufgrund der Problematik, dass KI bisher in der Konzepterstellungsphase eines Innovationsprozess nur wenig eingesetzt wird, soll nun die Konzepterstellungsphase genauer beleuchtet werden. Hierzu muss zunächst verstanden werden, was ein Produktkonzept ist. Ulrich (2008) definiert es wie folgt: „A product concept is an approximate description of the technology, working principles, and form of the product. It is a concise description of how the product will satisfy the customer needs“ (Ulrich 2008, 98). Auch Hofbauer/Sangl (2018) legen den Fokus in ihrer Definition auf die Befriedigung von Kundenbedürfnissen: „In der Phase der Konzepterprobung wird bewertet, inwieweit ein Produktkonzept dafür geeignet ist, die einzelnen konkretisierten Kundenanforderungen zu erfüllen.“ (Hofbauer und Sangl 2018, 412).

Als Input erhält die Phase eine ausgewählte Idee aus der Ideengenerierung, welche in der Produktkonzeption ausgearbeitet wird. Der Output der Phase ist ein entsprechendes Produktkonzept auf Basis der ausgewählten Idee. Abbildung 2.5 zeigt diese Beziehung der Konzeptionsphase.

Abbildung 2.5 Input-Output-Beziehung der Konzeptionsphase. (Eigene Darstellung nach Hofbauer und Sangl 2018, 405)

Dabei werden nach Hofbauer/Sangl (2018) folgende Ziele verfolgt, um das Produktkonzept erfolgreich zu machen:

1. nachfrageorientierte Produktgestaltung
2. Aufdecken von Schwächen sowie Verbesserungsmöglichkeiten der Produktgestaltung
3. Auskunft über die Akzeptanz der Produktkonzepte am Markt
4. Prüfen der wirtschaftlichen Attraktivität

(Hofbauer und Sangl 2018, 405)

Wie diese Ziele erreicht werden, definiert jeder Autor unterschiedlich und setzt jedes Unternehmen anders um. Allgemein sind verschiedene technologische und marktorientierte Aktivitäten erforderlich, um das zu entwickelnde Produkt zu definieren (Cooper 1988, 245). Die für diese Arbeit relevanten Innovationsprozesse beziehen sich vorrangig auf Produktinnovationen, insofern sie als solche gekennzeichnet sind. Außerdem wird die Konzepterstellungsphase explizit oder implizit erwähnt, sodass auch Bezeichnungen wie „Konzeptentwicklung", „Konzeptionierung", „Konzeptgenerierung", „Konzept" und „Konzeption" darunterfallen. Zunächst werden nun die verschiedenen Ausführungen der Autoren zu der Konzepterstellungsphase dargelegt.

Für Müller-Prothmann/Dörr (2020) steht der Nachweis der Machbarkeit im Vordergrund. Diese bezieht sich auf die technischen, funktionalen und nicht funktionalen Anforderungen sowie Kundenanforderungen (Müller-Prothmann und Dörr 2020, 44). Auch Gassmann/Sutter (2011) orientieren sich an der Machbarkeit und teilen die Konzepterstellung in drei Blöcke mit je kleineren Aufgabenblöcken auf. Tabelle 2.1 zeigt die Aufgaben nach Gassmann/Sutter (2011).

Tabelle 2.1 Aufgaben nach Gassmann/Sutter (2011)

Technische Machbarkeit	– Labormuster – Software-Prototypen
Unternehmerische Opportunität	– Patente abklären – Potenzielle Partner bewerten – Ressourcenverfügbarkeit überprüfen – Kompatibilität mit Plattformstrategie sicherstellen
Marktliche Machbarkeit	– Lead User identifizieren – Marktsegmentanalyse – Wettbewerbsanalyse

Quelle: (Gassmann und Sutter 2011, 40)

Auch Herstatt (2000) nennt die Konzepterstellungsphase explizit und legt bei seiner Ausarbeitung einen besonderen Wert auf die Produktplanung. Folgende Aufgaben stehen für ihn im Vordergrund:

- Marktanalysen
- Ausarbeitung eines Produktkonzeptes
- Produktplanung
  - Stückzahlen
  - Produktkosten
  - Timing
  - Investments
  - Projektkosten
- Produktspezifikation
- Produktarchitektur

(Verworn und Herstatt 2000, 11)

Nach Pleschak/Sabisch (1996) fallen in die Phase der Konzeptentwicklung die Wirtschaftlichkeitsrechnung, die Analyse und Auswertung abgelaufener Prozesse sowie das Benchmarking (Pleschak und Sabisch 1996, 25). Auch Reichwald/Piller (2006) schlagen eine Abschätzung der technischen Machbarkeit vor und nennen zusätzlich eine Konzeptbewertung. Folgende Aufgaben sind nach Reichwald/Piller (2006) relevant:

- Technisch durch Forschung und Entwicklung (F&E): Visualisierungen durch Skizzen, Mockups und Animationen
- Zeitplan
- Investitionsplan
- Abschätzung technische Machbarkeit
- Marktpotenzial & Marktforschung & Lead User
- Konzeptbewertung

(Reichwald und Piller 2006, 120–121)

Ulrich (2008) teilt die Aufgaben stattdessen nach Unternehmensbereich auf und orientiert sich hierbei an Marketing, Design, Herstellung und anderen Funktionen (Ulrich 2008, 14). Tabelle 2.2 zeigt die Aufgabe nach Ulrich (2008).

Tabelle 2.2 Aufgaben nach Ulrich (2008)

Marketing	– Kundenbedürfnisse erfassen – Identifizierung von Lead Usern – Identifizierung von Konkurrenzprodukten
Design	– Untersuchung der Machbarkeit von Produktkonzepten – Entwicklung von industriellen Designkonzepten – Bau und Test von experimentellen Prototypen
Herstellung	– Schätzung der Herstellungskosten – Beurteilung der Machbarkeit der Produktion
Andere Funktionen	– Finanzen: Durchführung der wirtschaftlichen Analyse – Rechtliches: Untersuchen von Patentfragen

Quelle: (Ulrich 2008, 14)

Auch im Prozess von Hofbauer/Sangl (2018) spielt die Konzepterstellungsphase eine wichtige Rolle. In dieser sollen Ideen konkretisiert und in Produktkonzepte übersetzt werden, sowie die Anforderung der Kunden an das Produkt spezifiziert werden. Die Phase wird hier in mehrere Blöcke unterteilt und mit Aufgabenpaketen spezifiziert. Tabelle 2.3 zeigt die Aufgaben nach Hofbauer/Sangl (2018).

Tabelle 2.3 Aufgaben nach Hofbauer/Sangl (2018)

Konzeptentwicklung	– Kano Modell – Lasten- und Pflichtenhefte – Wertanalysen – Vorkalkulationen
Konzepterprobung	– Gruppengespräche – Konzeptlabor – Conjoint-Analyse
Vermarktungsstrategie	– Produktpositionierung – Beschreibung des Zielmarktes – Beschreibung der Ziele – Umsetzungsmaßnahmen – Budgetvorgaben
Wirtschaftlichkeitsanalyse	– Umsatz- und Kostenschätzung – Wirtschaftlichkeitsrechnung

Quelle: (Hofbauer und Sangl 2018, 404–405)

Cooper (1988) nennt die Phase eher implizit als Konzeptdefinition. Darunter fallen jedoch alle relevanten Blöcke: Konzeptidentifikation, Konzeptentwicklung, Konzepttest und Konzeptevaluierung (Cooper 1988, 244). Diesen Blöcken gibt er, wie andere Autoren auch, vertiefende Aufgaben. Tabelle 2.4 zeigt die Aufgaben nach Cooper (1988).

Tabelle 2.4 Aufgaben nach Cooper (1988)

Konzeptidentifikation	– Bestimmung des „idealen Produkts“ aus Kundensicht. – Einblick in Kundenwünsche und -anforderungen. – Analyse von Produktverwendung, Zufriedenheit, Präferenzen und Wettbewerb.
Konzeptentwicklung	– Umwandlung von Marktbedürfnissen in technisch machbare Konzepte. – Diskussion technischer Lösungen mit Marketing- und Technikteams.
Konzepttest vor Produktentwicklung	– Sicherstellung, dass das neue Produkt Kundenbedürfnisse besser erfüllt. – Frühe Bewertung der Marktaufnahme und potenzielle Designanpassungen.
Konzeptbewertung vor Produktentwicklung	– Entscheidungspunkt für Fortsetzung oder Abbruch des Projekts. – Einflussnahme von qualitativen und finanziellen Überlegungen.

Quelle: (Cooper 1988, 245–246)

Das Ergebnis der Konzeptionsphase ist ein validiertes Produktkonzept (Hofbauer und Sangl 2018, 404). In der Praxis wird dieses oftmals auch als Business Case bezeichnet, welcher die erarbeiteten Ergebnisse sammelt und die Basis für den weiteren Entwicklungsverlauf bildet. Darin werden die erarbeiteten Randbedingungen wie Preis, Märkte und Technologien festgehalten und entschieden, wie vermarktet werden soll (Gassmann und Sutter 2011, 43). Cooper (1988) spannt hier den Bogen zu den Kundenbedürfnissen: „Properly undertaken, the concept definition stage should result in a winning concept definition-a product that outscores competitive products, that has superior benefits for the customer, and that delivers value to the customer.“ (Cooper 1988, 244).

2.2 Künstliche Intelligenz

Die Entwicklungen in dem Feld der KI sind rasant. So wurden in einer Studie von Grace et al. (2018) Experten der University of Oxford befragt, wann KI voraussichtlich den Menschen übertreffen wird. Beim Übersetzen von Sprachen soll dies 2024, beim Schreiben von Schulaufsätzen 2026, beim Fahren eines Lkws 2027, beim Arbeiten im Einzelhandel 2031, beim Verfassen eines Bestsellers 2049 und bei chirurgischen Operationen 2053 der Fall sein (Grace et al. 2018, 729). Dennoch zeigt sich bei der schnellen Weiterentwicklung von OpenAIs GTP3.5 zu GPT4, dass die KI auch das bayrische Abitur bestanden hat, und bei der Interpretation von Texten sehr „in die Tiefe“ gehen konnte (Schiffer und Gawlik 2023, o.S.). Dies zeigt, dass die Einschätzungen der Studie schon zu einem früheren Zeitpunkt eingetroffen sind als erwartet.

John McCarthy legte 1955 den Grundstein für das Forschungsfeld der KI mit seinem Vorschlag für eine Studie, die auf der Annahme basieren sollte, dass jede Facette des Lernens der Intelligenz so präzise beschrieben werden kann, dass eine Maschine sie simulieren kann. Das Ziel war es, herauszufinden, wie Maschinen Sprache verwenden, Abstraktionen und Konzepte bilden, Probleme lösen und sich selbst verbessern können (McCarthy et al. 1955, 2). Zunächst gab es bei der Konferenz keine neuen Erkenntnisse (Russell und Norvig 2012, 41). Die Forschung verlief in den folgenden Jahrzehnten ungleichmäßig und beinhaltete mehrere “KI-Winter“, in welchen die Forschung fast vollständig gestoppt wurde (Russell und Norvig 2012, 48). Bedeutende Fortschritte gab es erst in den letzten Jahren. Nach Brynjolfsson/McAfee (2017) gibt es drei Gründe dafür: mehr Daten, bessere Algorithmen und leistungsfähigere Hardware (Brynjolfsson und McAfee 2017, o. S.).

Eine einheitliche Definition für KI zu finden, gestaltet sich als schwierig. Je nachdem aus welcher Perspektive auf die KI geschaut wird, kann zwischen vier verschiedenen Definitionsbereichen unterschieden werden: menschliches Denken, rationales Denken, menschliches Handeln und rationales Handeln (Russell und Norvig 2012, 22–23).

Warschat et al. (2021) und Russel/Norvig (2012) stellen das menschliche Denken in den Vordergrund: „Künstliche Intelligenz umfasst Methoden und Modelle, die die menschliche Intelligenz auf dem Computer abbilden.“ (Warschat et al. 2021, 56). Für Russel/Norvig (2012) ist KI in Bezug auf Rationales Denken die Entwicklung von Systemen, die in der Lage sind, durch die Anwendung von Logik und formalisierten Denkprozessen intelligentes Verhalten zu simulieren und praktische Problemlösungen zu erarbeiten (Russell und Norvig 2012,

25). Szczepanski (2019) bezieht seine Definition auf das menschliche Handeln: Der Begriff „Künstliche Intelligenz" bezieht sich auf die Fähigkeit von Maschinen, menschenähnliche kognitive Prozesse wie Lernen, Verstehen, Argumentieren und Interaktion auszuführen (Szczepanski 2019, 2). Die Definition von Wolff et al. (2019) hingegen legt den Fokus auf das rationale Handeln: „[...] die Fähigkeit von Maschinen, eigenständige Intelligenzleistungen zu erbringen, d. h. Entscheidungen zu treffen und Probleme zu bearbeiten und in diesem Rahmen menschliche Entscheidungsstrukturen, Problemlösungsansätze und Lernen nachzuahmen und mit Grundsätzen der Logik und des rationalen Handels zu verknüpfen." (Wolff et al. 2019, 507).

Dennoch gibt es viele weitere Definitionen von KI und auch die Aufteilung der KI in Teilbereiche wird in der Literatur unterschiedlich gesehen (Weber 2020, 37). Die vorgestellten Definitionen zeigen, wie facettenreich KI ist. Dabei überlagern sich die Definitionen teilweise und trotzdem trifft jede Definition einen bestimmten Aspekt von KI. In dieser Thesis liegt der Schwerpunkt auf der Definition von Szczepanski (2019), der die KI als die Fähigkeit von Maschinen beschreibt, menschenähnliche kognitive Prozesse zu imitieren (Szczepanski 2019, 2).

Die Gründe für die verbesserten KI-Modelle sind einschlägig, eine höhere Datenverfügbarkeit durch mehr Sensoren, eine Vielzahl an neuen und einfach anwendbaren Tools für das Training sowie hohe Processing- und Speicherkapazitäten zu geringen Kosten (Prem 2022, 39–40). Der Zugang zu großen Datenmengen kann, wenn Wettbewerber diesen nicht haben, einen großen und gegebenenfalls auch langfristigen Wettbewerbsvorteil für Unternehmen ergeben (Cockburn et al. 2018, 4). Dies ist einer der Gründe, warum die Zahl der Start-ups in diesem Bereich steigt. Auch die niedrigen Erstinvestitionen und die großen Einsatzmöglichkeiten der KI verhelfen zu dem starken Wachstum (Wolff et al. 2019, 512). KI kann dadurch helfen inkrementelle Verbesserungen an einem Produkt oder einer Dienstleistung hervorzubringen, welche ohne KI nicht möglich wären (Prem 2022, 41). KI konfrontiert damit etablierte Unternehmen sowohl mit der traditionellen Konkurrenz als auch vieler aufstrebenden Start-ups (Ransbotham et al. 2017, 11).

Zudem werden die sinkenden Kosten für Vorhersagen den Wert von Daten und Entscheidungen steigern, während der Wert von menschlichen Vorhersagen abnehmen wird (Agrawal et al. 2022, 19). Durch den Einfluss von KI wird nicht nur menschliche Arbeit verdrängt, sondern es kommt auch zu einer fundamentalen Umgestaltung des Unternehmenskonzepts. KI entwickelt sich zu einer essenziellen operativen Basis für Unternehmen und bildet den „Kern ihres Betriebsmodells, das definiert, wie das Unternehmen die Ausführung von Aufgaben vorantreibt" (Iansiti und Lakhani 2020, 3). Im Vergleich zu herkömmlichen

Geschäftsprozessen, sind KI-gestützte Prozesse auch deutlich besser skalierbar (Iansiti und Lakhani 2020, 4). Nachdem große Sprachmodelle wie ChatGPT veröffentlicht wurden, sagen Forscher und Branchenexperten nun einen bedeutenden Schub für menschliche Kreativität und Produktivität voraus. Gleichzeitig schätzen sie, dass etwa 300 Millionen Arbeitsplätze von KI beeinflusst werden könnten, was diese Modelle zu potenziell bedeutenden Veränderungstreibern in der Gesellschaft macht (Kelly 2023, o. S.). In diesem Zusammenhang ist auch seit dem Einsatz von Expertensystemen in den 1980er Jahren, das Verlangen nach erklärbarer KI stark. Da KI meist als eine „Black Box" gesehen wird, dessen Vorgänge nicht nachvollzogen werden können, entstand so das Forschungsgebiet rund um erklärbare KI (Shehu et al. 2021, 13–14).

2.2.1 Aufbau eines KI-Modells

Bevor nun tiefer in die verschiedenen Gebiete und Techniken eingestiegen wird, soll zunächst die prinzipielle Funktionsweise eines KI-Modells dargelegt werden. Diese, oftmals „KI-Fabrik" genannten Modelle sind heute zunehmend das Herzstück eines modernen Unternehmens. Die Fertigkeit Daten zu verarbeiten, zu verknüpfen und zu interpretieren ist zu einer Kernkompetenz vieler Unternehmen geworden (Iansiti und Lakhani 2020, 53). Abbildung 2.6 zeigt den prinzipiellen Aufbau eines KI-Modells.

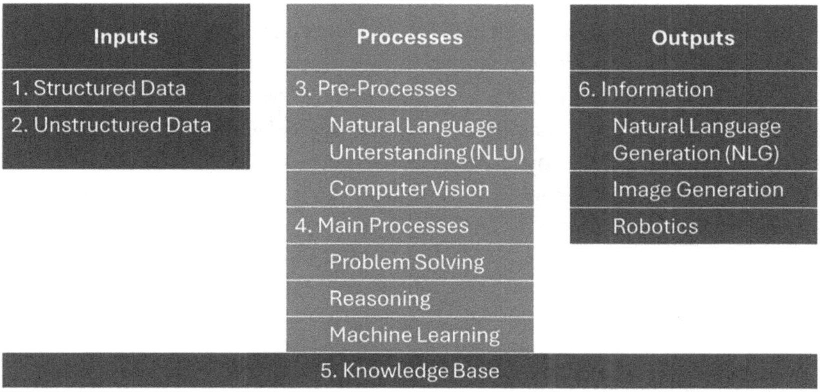

Abbildung 2.6 Bausteine eines KI-Systems. (Eigene Darstellung nach Paschen et al. 2019, 3)

KI-Systeme sind auf zwei Arten von Input angewiesen: strukturierte und unstrukturierte Daten. Strukturierte Daten sind nach einem bestimmten Schema vordefiniert. KI verarbeitet diese effizient und analysiert sowohl interne Daten als auch externe Daten. Unstrukturierte Daten, die ohne vordefiniertes Schema vorkommen, umfassen digitale Inhalte wie geschriebene Sprache, auch in Form von Audio und Bildern. Die Fähigkeit von KI, beide Arten von Daten zu verarbeiten, unterscheidet sie von traditionellen Informationssystemen und ermöglicht es, das stetig wachsende Volumen digitaler Informationen aus einer Vielzahl an Quellen zu verarbeiten (Paschen et al. 2019, 3). Die Daten, die für das Training verwendet werden, müssen von hoher Qualität und Konsistenz sein, damit ein Algorithmus entsprechend gute Aussagen auf Basis der Daten machen kann (Abdelkafi et al. 2019, 20).

Unstrukturierte Daten müssen vorverarbeitet werden. Dieser Schritt umfasst die Datenaufbereitung, Normalisierung, Transformation, Merkmalsextraktion und die Auswahl, um die verbleibenden Daten auf wertvolle Weise zu verarbeiten. Darunter fallen auch Natural Language Understanding und Computer Vision (Paschen et al. 2019, 3–4). Zu den Hauptprozessen der KI zählen das Problemlösen, Reasoning sowie Machine Learning. Das Problemlösen umfasst divergente und konvergente Prozesse, während Reasoning die Anwendung von Logik auf verfügbare Daten beinhaltet, um Schlussfolgerungen zu generieren. Machine Learning umfasst Techniken, die es Computern ermöglichen, aus Erfahrungen zu lernen, ihre Leistung schrittweise zu verbessern und dabei auf einen expliziten, vordefinierten Satz von Regeln zu verzichten (Paschen et al. 2019, 4–5). Die Datenhaltung in KI-Systemen erfolgt durch einen Wissensspeicher (Knowledge Base). Diese Speicher ermöglichen den Zugriff auf vergangene Berechnungen, strukturierte Daten, und Informationen, die durch den Betrieb des Systems selbst generiert wurden, und dienen somit den Hauptprozessen der KI (Paschen et al. 2019, 6). Schließlich beinhaltet die Generierung von Informationen die Kontextualisierung von Daten für menschliche Entscheidungsfindung und nicht-menschliche Aufgaben in verschiedenen Anwendungen wie natürlicher Sprachgenerierung, Bildgenerierung und Robotik (Paschen et al. 2019, 6–7).

Herausfordernd bei der Entwicklung solcher Modelle ist, dass zwei Modelle, die auf den gleichen Daten trainiert wurden, zu unterschiedlichen Ergebnissen kommen können. Das liegt daran, dass jedes Modell einem gewissen Zufall unterliegt, da es erst im letzten Schritt der Entwicklung aufgestellt wird (Prem 2022, 49). Diese Problematik verdeutlicht die Wichtigkeit von erklärbarer KI. Daher hält Prem (2022) fest, ist es „For many interesting and promising AI innovation projects, it may not even be possible to precisely assess their feasibility before performing at least some initial experiments.“ (Prem 2022, 50).

2.2.2 Arten von KI

KI kann auf verschiedene Weisen unterschieden werden. Eine Typologie unterscheidet KI-Systeme auf der Grundlage der Art der Intelligenz, die sie aufweisen: artificial narrow intelligence, artificial general intelligence and artificial super intelligence (Benbya et al. 2020, 4; Abdelkafi et al. 2019, 8; Wolff et al. 2019, 510). Bei „Artificial Narrow Intelligence" (ANI) handelt es sich um eine bestimmte Art von KI, die sich aktuell in der Entwicklungsphase befindet. Diese Systeme haben eine sehr hohe Leistung, sind aber der des Menschen unterlegen und nur auf einzelne Bereiche anwendbar. In der deutschsprachigen Fachliteratur wird diese auch als schwache KI bezeichnet und kann nur begrenzte Tätigkeiten ausüben, unter anderem Bild- oder Texterkennung (Altenburger und Schmidpeter 2021, 2). Darauf baut die „Artificial General Intelligence" (AGI) auf. Diese starke KI, wie sie in der deutschsprachigen Fachliteratur bezeichnet wird, kann durch Lernprozesse verschiedenste Aufgaben lösen. Sie erreicht oder übertrifft die menschlichen Fähigkeiten (Altenburger und Schmidpeter 2021, 2). In der letzten Phase soll mit der „Artificial Superintelligence" (ASI) die KI auf ein Level gebracht werden, das den Menschen überlegen ist und sich selbst verbessern kann (Wolff et al. 2019, 510). Aufgrund der hohen Entwicklungsgeschwindigkeit von KI, entsteht oftmals die These, dass die AGI bereits erreicht sei. Verschiedene Autoren sind sich jedoch einig, dass dies noch nicht der Fall ist (Braun 2023, 5; Benbya et al. 2020, 4; Gentsch 2019, 51; Kanbach et al. 2023; Kanbach et al. 2023, 6).

Des Weiteren können KI-Anwendungen anhand der Art der in das KI-System eingebetteten Technologie unterschieden werden, während eine weitere Typologie auf der von der KI ausgeübten Funktion basiert (Benbya et al. 2020, 4). Basierend auf der Funktion der KI, kann zwischen vier Kategorien unterschieden werden, welche sich teilweise überschneiden: conversational, biometrisch, algorithmisch und robotisch (Benbya et al. 2020, 5). Conversational KI bezieht sich auf die Fähigkeit von Computern, menschliche Sprache in natürlicher Form zu verstehen und darauf zu antworten. Dazu gehören sowohl sprachbasierte als auch textbasierte Technologien, welche sich hauptsächlich in Bezug auf ihre Fähigkeiten, ihren Anwendungsbereich und ihr Maß an Interaktion unterscheiden (Benbya et al. 2020, 5). Biometrie verwendet physiologische Ausprägungen und Verhaltensmerkmale wie Fingerabdrücke, Gesichter, Stimmen und Iris um die Identifikation und Sicherheit in verschiedenen Anwendungen fest- bzw. sicherzustellen (Benbya et al. 2020, 6). Algorithmische KI bezieht sich insbesondere auf Machine Learning Algorithmen. Diese sind auf strukturierte Daten spezialisiert und auf spezifische Aufgaben wie Spracherkennung und Bildklassifikation ausgerichtet. Andere Algorithmen, insbesondere neuronale Netze, können aus großen Mengen gelabelter Daten lernen und sich selbst verbessern, um eine breite Palette von Aufgaben wie Klassifikation, Vorhersage und Erkennung durchzuführen (Benbya et al. 2020, 6). Im Rahmen dieser Arbeit soll der Fokus auf algorithmischer KI liegen.

2.2.3 Machine Learning

> *"Prediction is the process of filling in missing information. Prediction takes information you have, often called "data," and uses it to generate information you don't have."* (Agrawal et al. 2022, 24).

Machine Learning ist eine der Schlüsseltechniken der KI. Es eignet sich besonders für Vorhersagen und Empfehlungen und wird daher auch oft als prädiktive KI bezeichnet (Chan et al. 2022, 193). Die Algorithmen übertreffen Menschen in der Fähigkeit, komplexe Wechselwirkungen zwischen verschiedenen Faktoren zu berücksichtigen, insbesondere wenn es um umfangreiche Daten geht. Je komplexer die Zusammenhänge sind, desto schwieriger wird es für Menschen im Vergleich zu Maschinen, präzise Vorhersagen zu treffen. Allerdings können Menschen in Situationen mit begrenzten Daten und wenn sie das Verständnis des Datenerzeugungsprozesses haben, immer noch einen Vorteil bei Vorhersagen haben (Agrawal et al. 2022, 81–82).

Im Machine Learning kann zwischen drei verschiedenen Arten unterschieden werden: überwachtes Lernen, unüberwachtes Lernen und verstärkendes Lernen (Weber 2020, 39). Für das überwachte Lernen wird grundsätzlich ein richtig gelabelter Datensatz benötigt. Viele Unternehmen, haben durch ihre Datencenter und ERP-Systeme eine Vielzahl an Datensätzen, die für das Training der Modelle verwendet werden können. Dieser Datensatz wird anschließend in Trainings- und Validierungsdaten aufgeteilt. Die Trainingsdaten werden verwendet, um das Modell zu trainieren, also die Parameter des Modells zu ermitteln. Mit den Validierungsdaten wird anschließend die Genauigkeit des Modells getestet (Iansiti und Lakhani 2020, 64; Weber 2020, 40–41). „The basic goal of supervised machine learning is to come as close as possible to a human expert […] in predicting an outcome.“ (Iansiti und Lakhani 2020, 64).

Die Hauptanwendung vom unüberwachtem Lernen ist das Erkennen von Erkenntnissen in Datensätzen, ohne davor zu wissen, nach was gesucht wird. Der

Hauptunterschied zum überwachten Lernen liegt darin, dass beim unüberwachten Lernen kein vorgelabelter Datensatz vorliegt, sondern der Algorithmus selbst Gruppen finden muss. Das heißt, dass das Ergebnis noch nicht klar formuliert ist. Aufgrund dieser Eigenschaft eignet sich das unüberwachte Lernen beispielsweise für die Identifizierung von Kundengruppen (Iansiti und Lakhani 2020, 66–67).

Verstärkendes Lernen ermöglicht es einem Modell, nicht nur Inputs auf Outputs abzubilden, sondern auch komplexe Abhängigkeiten zwischen einer Reihe von Inputs und Outputs zu erlernen. Hierbei interagiert der Algorithmus mit seiner Umgebung, wählt Aktionen aus und strebt dabei die Maximierung der Belohnungen an (Weber 2020, 43–44). Bildlich gesprochen wird an einem Punkt gestartet und die Umgebung in alle Richtungen untersucht und dabei immer geprüft, ob sich die Position verbessert oder verschlechtert hat (Iansiti und Lakhani 2020, 68).

Fast alle Aufgabenstellungen der KI bauen auf drei Arten von Aufgaben auf: Regression, Klassifikation und Clusteranalyse. Alle haben das Ziel eine Vorhersage zu treffen (Warschat et al. 2021, 60–62). Die Regression ist eine statistische Methode, die kontinuierliche Zahlen vorhersagt. Durch eine, in der Regel, lineare Funktion, wird versucht die Beziehung zwischen einer abhängigen Variable und mehreren unabhängigen Variablen zu modellieren. Je besser die Modellierung ist, desto geringer ist die Abweichung (Warschat et al. 2021, 61–62). Die Klassifikation ist ein Verfahren, bei dem vordefinierte Klassen zugewiesen werden, basierend auf den gemessenen Daten oder Merkmalen. Zum Beispiel können Maschinen, die Wartung benötigen, anhand von gemessenen Parametern klassifiziert werden. Der Prozess beinhaltet eine zweistufige Vorgehensweise: Training des Klassifikators mit Daten und die anschließende erfolgreiche Klassifikation unbekannter Datensätze (Warschat et al. 2021, 62). Beide Modelle lassen sich dem überwachten Lernen zuordnen. Die Clusteranalyse zielt darauf ab, Ähnlichkeiten in Daten zu identifizieren, wie beispielsweise in einem Textkorpus, um Dokumente mit ähnlichen Themen zu gruppieren. Dies erfolgt durch die Transformation von Wörtern, Sätzen und Dokumenten in Vektoren, die wiederum miteinander verglichen werden. Der K-Means-Algorithmus ist ein häufig verwendeter Ansatz, bei dem Dokumente in vordefinierte Cluster eingeteilt werden, basierend auf der Ähnlichkeit der Vektoren (Warschat et al. 2021, 62–63). Abbildung 2.7 zeigt die Funktionsweise eines K-Means Algorithmus. Dieser lässt sich daher dem unüberwachten Lernen zuordnen.

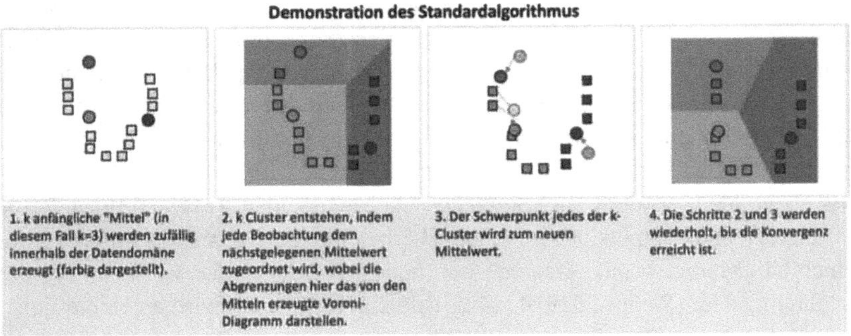

Abbildung 2.7 Schritte von K-mean Clustering (Weber 2020, 55)

Eine besondere Art von Algorithmen, die im Zusammenhang mit Machine Learning hervorgehoben werden soll, sind neuronale Netze. Der Begriff Deep Learning ist in diesem Kontext sehr präsent. Inspiriert von der Struktur des menschlichen Gehirns bestehen künstliche neuronale Netzwerke aus einer Abfolge von Berechnungsstufen bzw. Netzwerkschichten, die jeweils einfache Berechnungen an ihren Eingaben durchführen und die Ergebnisse an die nächste, tiefere Schicht im Netzwerk weitergeben. Diese verborgenen Schichten werden auch Hidden Layers genannt. Das Netzwerk besteht aus einer Eingabe- und einer Ausgabeschicht. Obwohl jede Berechnung mathematisch einfach ist, verleiht die kaskadierte Struktur dem Netzwerk eine hohe Rechenleistung, da komplexe Zuordnungen aus einer Sequenz einfacher, nichtlinearer Berechnungen abgeleitet werden können (Paschen et al. 2019, 5–6; Warschat et al. 2021, 98–99).

Die wachsende Komplexität von KI-Systemen erschwert es auch Experten zunehmend, die Entscheidungsfindung im Nachhinein nachzuvollziehen. Besonders bei KI-Systemen, die auf neuronalen Netzen basieren, handelt es sich um intransparente Black Boxes. Dies bedeutet, dass nicht mehr festgestellt werden kann, welche Parameter zu einer bestimmten Entscheidung der Maschine geführt haben (Altenburger und Schmidpeter 2021, 86).

Eine weitere Art von Machine Learning die in den letzten Jahren stark verbessert wurde und auf neuronalen Netzen basiert, ist generative KI. Diese kann beschrieben werden als „[…] the production of previously unseen synthetic content, in any form and to support any task, through generative modeling.“ (García-Peñalvo und Vázquez-Ingelmo 2023, 14). Der Begriff „generatives Modellieren“ bezieht sich dabei auf die Generierung neuer Inhalte auf Basis existierender Ressourcen (García-Peñalvo und Vázquez-Ingelmo 2023, 14). Taulli

(2023) spezifiziert in seiner Definition den Output des Algorithmus: „For the most part, generative AI uses sophisticated systems – like GPT-3, GPT-4, Jurassic, and Bloom – to create new content, which can be in the form of text, audio, images, and even video.“ (Taulli 2023, 4). Um generative KI effektiv nutzen zu können, erfordert es nach wie vor menschliche Beteiligung zu Beginn und am Ende des Prozesses. Ein Mensch muss zunächst einen Anstoß in Textform (Prompt) in ein generatives Modell eingeben, um Inhalte zu erstellen. Die Qualität der daraus generierten Inhalte muss von einem Menschen bewertet und bearbeitet werden. In der Praxis werden oftmals mehrere Prompts erstellt und die Ergebnisse dieser kombiniert, um das gewünschte Ergebnis zu erhalten (Davenport und Mittal 2022, o. S.).

Der in der Literatur am meisten behandelte Algorithmus sind Generative Adversarial Networks (GANs). Andere gängige Algorithmen im Zusammenhang mit generativer KI sind Encoder-decoder Netzwerke und andere neuronale Netze (García-Peñalvo und Vázquez-Ingelmo 2023, 10). Ein GAN-Modell besteht aus einem Wettbewerb zwischen zwei Neuronalen Netzen, einem Generator Netzwerk und einem Diskriminator Netzwerk. Der Generator, nimmt echte Daten auf und generiert auf dieser Grundlage gefälschte Daten, beispielsweise in Form eines unechten Bilds. Der Diskriminator versucht, zwischen gefälschten und echten Bildern zu unterscheiden. Während des Trainings erzielt der Diskriminator zunächst gute Ergebnisse, aber das „Bestrafen“ des Generators, welches die Qualität der erzeugten Bilder verbessert, führt dazu, dass die Genauigkeit des Diskriminators im Laufe der Zeit abnimmt und letztendlich etwa 50 % erreicht (Taulli 2023, 80–81). Abbildung 2.8 zeigt eine schematische Darstellung eines GANs.

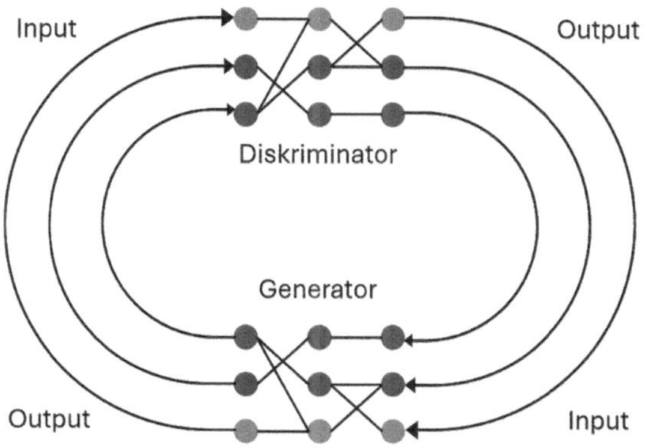

Abbildung 2.8 Vereinfachte Darstellung eines GANs. (Eigene Darstellung nach Altenburger und Schmidpeter 2021, 106)

Eine weitere Art von generativen Modellen sind Variationalen Autoencoder (VAE). Dieser verfügt über einen Encoder und Decoder. Der Decoder basiert hierbei auf einer Wahrscheinlichkeitsverteilung, die eine größere Vielfalt in der Ausgabe ermöglicht (Taulli 2023, 82). Ähnlich dazu sind Transformer. Als bekanntes Beispiel zählt ChatGPT zu den Transformern, welche wiederum aus Encoder-Decoder Netzwerken bestehen (García-Peñalvo und Vázquez-Ingelmo 2023, 10). Die Encoder im eingegebenen Daten, welche in der Regel in Textform vorliegen, werden von dem Decoder verarbeitet. Dieser Prozess beinhaltet verschiedene Techniken des Kontextverständnisses für die Analyse von Beziehungen zwischen Satzteilen. Der Decoder nutzt daraufhin einen Stapel von Decodern, um das nächste Wort oder den nächsten Baustein (Token) vorherzusagen und generiert auf diese Weise sinnvolle Sequenzen von Ausgabetokens (Taulli 2023, 97–100). Solche Modelle können das nächste Wort auf Grundlage vorheriger Wortsequenzen vorhersagen oder das nächste Bild auf Grundlage von Beschreibungen vorheriger Bilder prognostizieren (Davenport und Mittal 2022, o. S.). Der VAE ist also eher darauf ausgerichtet, Daten zu repräsentieren und zu generieren, während der Transformer darauf abzielt, komplexe Zusammenhänge in den Eingabedaten zu verstehen und zu nutzen, um sinnvolle Ausgaben zu erzeugen.

Große Sprachmodelle, oder Large Language Models (LLM), sind vielseitige Technologien, die sich für eine Vielzahl von Einsatzmöglichkeiten eignen. Da das Training dieser LLM viele Daten und eine hohe Rechenleistung benötigt, sind diese vor allem großen Technologieunternehmen vorbehalten. Beispielsweise wurde GPT-3 anfänglich mit 45 Terabyte Daten trainiert und verwendet 175 Milliarden Parameter oder Koeffizienten für Vorhersagen. Ein einzelner Trainingsdurchlauf für GPT-3 verursachte Kosten in Höhe von 12 Millionen US-Dollar (Davenport und Mittal 2022, o. S.). Vortrainierte LLMs sind in ihrer Leistungsfähigkeit so weit fortgeschritten, dass sie häufig besser abschneiden als Modelle, die speziell für bestimmte Anwendungsfälle entwickelt wurden. Dies führt dazu, dass die herkömmliche Anforderung, spezifische Trainingsdaten zu erstellen, nicht mehr notwendig ist (Bilgram und Laarmann 2023, 18). Ist das LLM vortrainiert, kann es durch kleine Anpassung spezifischen Inhalt generieren, ohne dass eine große Menge an Daten benötigt wird (Davenport und Mittal 2022, o. S.). Dennoch erkennen Bilgram/Laarmann (2023), dass trotz der massenhaften Verbreitung von KI-Tools wie ChatGPT, das Wissen über die Anwendung in Unternehmen noch sehr gering ist (Bilgram und Laarmann 2023, 19).

Die Haupttreiber des rapiden Wachstums und der breiten Verfügbarkeit in der generativen KI sind die starke Zunahme von Daten durch verschiedene Geräte und Systeme, fortschrittliche Theorien und Modelle wie GANs, aktive Finanzierung und Forschung durch große Technologie Unternehmen, die Verfügbarkeit von Open-Source-Projekten wie Scikit-learn und bedeutende Innovationen in der Hardware, insbesondere bei leistungsstarken Grafikprozessoren, die für das Training benötigt werden (Taulli 2023, 14).

2.2.4 KI-Tools

> „*I think one of the things that really separates us from the high primates is that we're tool builders.*" – Steve Jobs
>
> (Popova 2011, o. S.)

Dieser Gedanke unterstreicht die Fähigkeit des Menschen, Werkzeuge zu schaffen, um dessen Fähigkeiten zu erweitern. Im Bereich der KI spielen die Entwicklung und Bereitstellung von KI-Anwendungen, oder KI-Tools, eine entscheidende Rolle. Durch KI-Tools werden die KI Methoden erst anwendbar gemacht (Agrawal et al. 2022, 18). Abhängig von den Geschäftsprozessen eines Unternehmens, können solche Tools einfach oder schwer implementiert werden und ggf. einen Geschäftsprozess zur Neugestaltung zwingen (Agrawal et al. 2022, 18). Auf der einen Seite ersetzen KI-Tools eine Aufgabe oder führen auf der anderen Seite dazu, dass neue Aufgabenfelder entstehen (Agrawal et al. 2022, 150–151). Sie bieten nur punktuelle Lösungen, da sie eine spezifische Aufgabe lösen und eine bestimmte Vorhersage treffen (Agrawal et al. 2022, 155).

Entscheiden sich Unternehmen für die Implementierung von KI, gehen sie in der Regel folgendermaßen vor: Sie analysieren ihre Geschäftsprozesse, schätzen den Return on Invest (ROI) für den Einsatz von KI bei jeder Aufgabe ab und priorisieren die Aufgaben nach dem erwarteten ROI. Anschließend starten sie mit der Umsetzung, beginnend mit den Aufgaben, die den höchsten ROI versprechen. Vereinzelt kann ein KI-Tool mit geringem Aufwand in einen bestehenden Prozess integriert werden. In vielen Fällen erfordert die Implementierung jedoch eine umfassendere Neugestaltung des gesamten Prozesses, um den vollen Nutzen aus der KI zu ziehen (Agrawal et al. 2022, 155). Bekannte KI-Entwicklungstools sind beispielsweise Scikitlearn, TensorFlow und PyTorch. Mit Hilfe dieser Tools, können anwendungsspezifische KI-Tools entwickelt werden. TensorFlow wird beispielsweise für verschiedene Anwendungen in Deep Learning genutzt, darunter Empfehlungssysteme, die Klassifizierung von Benutzereingaben, das Ranking von Suchergebnissen und Experimente zur Objekterkennung in der Computer Vision können hiermit umgesetzt werden (Shehu et al. 2021, 14). PyTorch ist ein Open-Source-Deep-Learning-Framework. Es bietet Vielzahl von Funktionen, darunter die effiziente Berechnung von mathematischen Operationen auf großen

Datenmengen, wobei die Grafikprozessoreinheit (GPU) zur Beschleunigung genutzt wird. PyTorch unterstützt außerdem eine graphenbasierte Ausführung und verteiltes Training über mehrere Rechner, was insbesondere bei großen Datensätzen von Vorteil ist (Shehu et al. 2021, 16).

„The actual implementation of AI is through the development of tools." (Agrawal et al. 2022, 149). Bei der Integration von KI in bestehende Geschäftsprozesse muss jedoch zwischen selbst entwickelten Tools und fertigen KI-Tools von Drittanbietern unterschieden werden. Oftmals wird bei der Integration der Fokus zu stark auf eigen entwickelte Tools gerichtet und bestehende Lösungen vernachlässigt (Yams und Shubina 2022, 17). Abbildung 2.9 zeigt das Verständnis von KI-Tools im Rahmen der Arbeit. Betrachtet werden soll vorrangig die unterste Ebene, die anwendungsspezifischen KI-Tools. Solche Tools sind in der Regel entweder frei im Internet verfügbar und nutzbar oder aber von Unternehmen für ihre Zwecke selbst programmiert. Zum Stand der Erstellung der Thesis sind zahlreiche Tools verfügbar, die sich auf verschiedene Aufgaben konzentrieren, z. B. auf die Erstellung von Text, Bild, Video, Audio und Code.

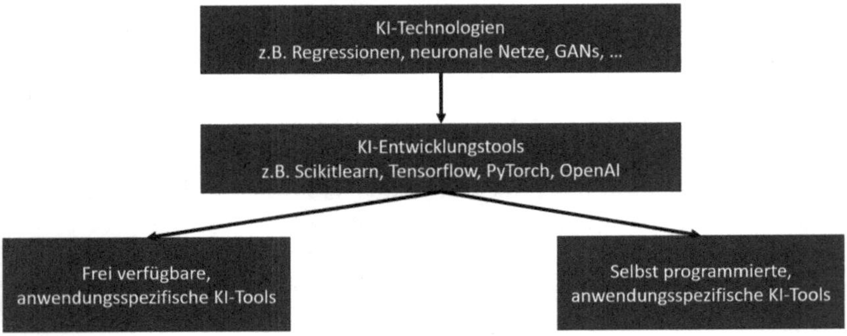

Abbildung 2.9 Ebenen von KI-Tools im Rahmen der Arbeit. (Eigene Darstellung)

Wichtig festzuhalten ist, dass es nicht das eine richtige KI-Tool für Unternehmen gibt. Bei der Anwendung von KI muss immer abgewogen werden: mehr Geschwindigkeit, aber dafür weniger Genauigkeit, mehr Autonomität, aber weniger Kontrolle, mehr Daten, aber weniger Privatsphäre (Agrawal et al. 2022, 5).

2.3 KI im Innovationsmanagement

KI im Innovationsmanagement ist ein noch relativ junger Forschungsbereich in welchem erste Beiträge ab 2016 erschienen sind und welcher eine erhöhte Popularität ab 2019 erhielt (Keicher et al. 2022, 1–2). Dieses Kapitel soll einen Überblick über die wichtigsten Themen von KI im Innovationsmanagement geben. Dazu soll darauf eingegangen werden, welches Potenzial KI im Innovationsmanagement hat und welche Implementierungsansätze bereits vorhanden sind.

2.3.1 Potenziale

Insgesamt wird der KI im Innovationsmanagement ein hohes Potenzial zugeschrieben. Auch wenn bisher nur 15 % der befragten Manager KI im Innovationsmanagement nutzen, wollen 60 % es in Zukunft anwenden (Bilgram und Füller 2019, 3). So erwarten auch 76 % von 163 befragten Managern einen Zuwachs durch den Einsatz von KI im Innovationsmanagement (Bilgram und Füller 2019, 3). Der Einsatz von KI im Innovationsprozess ermöglicht es die Menge, Qualität und Vielfalt der Ideen zu steigern. Im Vergleich zu Innovationsprozessen ohne den Einbezug von KI, ist der geschaffene Wert ist dadurch höher und zu niedrigeren Kosten erreichbar (Bouschery et al. 2023, 147). Dadurch können die Prozesse im Innovationsmanagement effizienter und Risiko reduziert werden (Füller et al. 2022b, 3). Durch diese Effizienzsteigerungen kann KI helfen inkrementelle Verbesserungen an einem Produkt oder einer Dienstleistung hervorzubringen, welche ohne KI nicht möglich wären (Prem 2022, 41). Dabei greift die KI tief in den Innovationsprozess ein: „By expanding the problem and solution spaces in which NPD[1] teams can operate, language models create an opportunity to access and generate larger amounts of knowledge, which in turn results in more possible connections of problems and solutions." (Bouschery et al. 2023, 142). Altenburger/Schmidpeter (2021) merken hierbei an, dass KI sowohl von etablierten Unternehmen, als auch von Start-ups im Innovationsbereich genutzt werden kann (Altenburger und Schmidpeter 2021, 8).

Die Einsatzgebiete variieren jedoch. Nach der Studie von Weigand et al. (2021) wird KI vorrangig in der Datensammlung und -analyse eingesetzt (Weigand et al. 2021, 35). Abbildung 2.10 zeigt, in welchen Funktionen KI im Innovationsprozess in den befragten Unternehmen eingesetzt wird.

[1] New Product Development

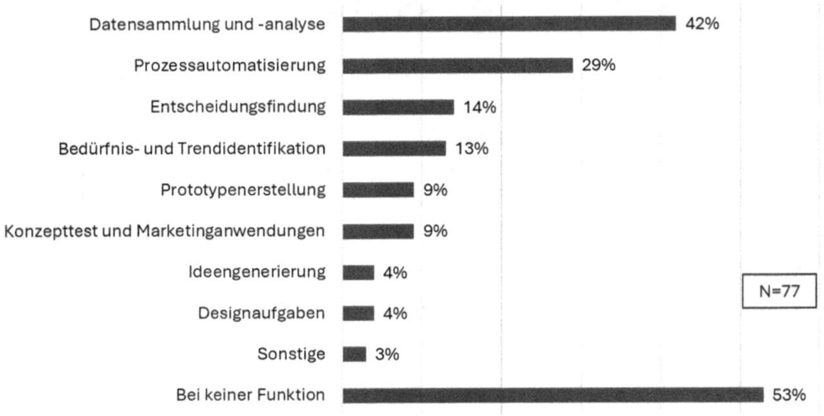

Abbildung 2.10 Wenn KI im Innovationsprozess eingesetzt wird, in welcher Funktion wird sie eingesetzt?. (Eigene Darstellung nach Weigand et al. 2021, 35)

Bilgram/Füller (2019) kommen in ihrer Studie zu ähnlichen Ergebnissen. Auf Basis ihrer Befragung, wird das Potenzial von KI besonders in der Identifikation von Bedürfnissen und Trends sowie in der Konzeption gesehen (Bilgram und Füller 2019, 10). Weigand et al. (2021) zeigen durch ihre Studie zudem, dass der Einsatz von KI durch Kooperationen mit Hochschulen, Open Innovation Initiativen sowie gesonderten Innovationsabteilung gesteigert werden kann (Weigand et al. 2021, 40).

Die Integration von KI für innovationsbezogene Zwecke stellt Unternehmen vor zwei besondere Arten von Herausforderungen: technische und organisatorische Hindernisse. Zu den technischen Herausforderungen gehören Schwierigkeiten beim Datenzugang und ein Mangel an technischem Fachwissen. Auf der organisatorischen Seite variieren die Herausforderungen je nach Unternehmensgröße und Erfahrung im Umgang mit KI. Größere Unternehmen verfügen oft über mehr Ressourcen, die sie für KI-gestützte Innovationsprojekte mobilisieren können und Unternehmen mit KI-Erfahrung können besser auf diese Hürden vorbereitet sein (Füller et al. 2022b, 2). Weitere Beeinträchtigungen im Umgang mit KI im Innovationskontext umfassen unter anderem einen Mangel an Experten, hohe Kosten, begrenztes Wissen, Glaubwürdigkeitsbedenken hinsichtlich der Ergebnisse, rechtliche Aspekte sowie die Zurückhaltung und den „Hype", wobei auch der Zeitaufwand, Angst vor dem Versagen der KI, Datenressourcen und Datensicherheit als Hindernisse betrachtet werden (Prem 2019, 11; Weigand et al.

2021, 42–44). Weigand et al. (2021) merken hierzu an: „KI muss erklärbar gemacht werden, denn letztendlich basiert Vertrauen auf Verständnis.“ (Weigand et al. 2021, 47).

Nach Keicher et al. (2022) beeinflusst KI das Innovationsmanagement auf zwei Ebenen. Auf der ersten Ebene konzentriert sich die Aufmerksamkeit auf die Kommerzialisierung von KI und bezieht sich daher auf KI und ihre Anwendung in innovativen Produkten und Dienstleistungen oder darauf, wie sich das Management solcher Innovationen unter Verwendung von KI-Technologien ändert (Keicher et al. 2022, 1). So kann durch das Erkennen von Mustern und das Lernen aus Erfahrungen Unternehmen geholfen werden, Produkte und Dienstleistungen effizienter anzupassen (Bilgram und Füller 2019, 9). KI verändert jedoch nicht nur die Produkte und Dienstleistungen selbst, sondern auch die Prozesse, in welchen neue innovative Produkte und Dienstleistungen erstellt werden. Auf der zweiten, prozessorientierten Ebene hat der Einsatz von KI im Innovationsprozess das Ziel, Innovationsmanager bei der Bewältigung und Verarbeitung großer Datenmengen zu unterstützen, um Innovationen zu generieren (Keicher et al. 2022, 1).

Die wichtigsten KI Technologien für das Innovationsmanagement sind daneben: Prognose, Sprachverarbeitung, Bildverarbeitung, Empfehlungen und Text Mining (Bilgram und Füller 2019, 22). Für kreative Prozesse wie der Identifikation, Schaffung und Kombination von Innovationen, bietet sich das Teilaufgabenproblem des Problemlösens durch Suche als geeignete Herangehensweise an. Hierbei werden verschiedene Optionen zur Lösung eines Problems generiert und die optimale Lösung für eine spezifische Herausforderung ausgewählt (Keicher et al. 2022, 9). Füller et al. (2022) finden jedoch in ihrer Studie heraus, dass kreative Aufgaben im Rahmen der nächsten fünf bis zehn Jahre weiterhin von Menschen ausgeführt werden (Füller et al. 2022b, 17). Daher ist die Hypothese von Weigand et al. (2021): „Das Erfolgsgeheimnis eines möglichst effizienten Innovationsprozesses liegt vermutlich im Zusammenspiel von menschlicher Expertise und der effizienten Datenverarbeitung der KI.“ (Weigand et al. 2021, 40).

KI hat dabei ein hohes Potenzial, ein wichtiges zusätzliches Werkzeug für Forschung und Entwicklung im Innovationsprozess zu werden. Je nach Form und Rolle als Forschungsinstrument hat sie unterschiedliche Auswirkungen. Cockburn et al. (2018) stellen vier mögliche Kombinationen und Rollen vor, die KI als Forschungsinstrument im Innovationsmanagement haben kann. Abbildung 2.11 zeigt, dass KI entweder zu einer “General Purpose Technology”, einer „Erfindung einer Methode des Erfindens“ oder einer Kombination aus beiden, dann als Deep Learning bezeichnet, werden kann (Cockburn et al. 2018, 13).

		General-Purpose Technology: NO	General-Purpose Technology: YES
Invention of a Method of Invention	NO	Industrial Robots (e.g. Fanuc R2000)	„Sense &React" Robots (e.g. Autonomous vehicles)
	YES	Statically-coded Algorithmic Tools (e.g. fMRI)	**Deep Learning**

Abbildung 2.11 Rollen von KI als Forschungsinstrument im Innovationsmanagement. (Eigene Darstellung nach Cockburn et al. 2018, 14)

Deep Learning schafft es nicht nur die Produktivität zu steigern, sondern auch einen Innovationsprozess an sich zu verändern (Cockburn et al. 2018, 2). So behauptet Cockburn et al. (2018), dass KI als „neue allgemeine Erfindung einer Erfindungsmethode" betrachtet werden kann (Cockburn et al. 2018, 1).

Um abzuschätzen, wie schwierig es für KI ist menschliche Entscheidungen zu unterstützen, zu ergänzen oder zu ersetzen, haben Haefner et al. (2021) drei „Ebenen der Informationsverarbeitungsfähigkeit" geschaffen: exploit, expand & explore. Auf Ebene 1, der Erschließung von „Lösungsräumen", kann KI Innovationsmanagern bei der Verarbeitung größerer Mengen an Informationen und Wissen unterstützen. Auf dieser Ebene versucht KI lediglich, die menschliche Entscheidungsfindung zu unterstützen und nicht zu ersetzen. Diese Arten von KI-Systemen sind in der ersten Spalte von Abbildung 2.12 dargestellt. Auf Stufe 2 können KI-Systeme den Innovationsprozess erweitern, indem sie neue Ideen und Möglichkeiten aufzeigen oder lokale Suchroutinen überwinden. Wie auf Stufe 1 arbeiten KI-Systeme eng mit Innovationsmanagern zusammen. Durch die Entdeckung neuer Ideen und Möglichkeiten können sie der zweiten Spalte zugeordnet werden. Wenn die Innovationsmanager mit dieser KI-Unterstützung innovativer und kreativer werden, ist ein Aufstieg in Spalte 3 möglich. Auf Stufe 3 sind KI-Systeme in der Lage, völlig neue Wege der Innovation zu beschreiten. Hier hat KI das Potenzial, Innovationsmanager in gewissem, bis zu großem Umfang zu ersetzen. Diese KI-Systeme können nicht nur Problemstellungen und -räume neu definieren, sondern auch neue Lösungen für ein bestehendes Problem entdecken (Haefner et al. 2021, 6). Abbildung 2.12 zeigt die Ebenen der Informationsverarbeitungsfähigkeit nach Haefner (2021).

	LEVEL 1: EXPLOITING	LEVEL 2: EXPANDING	LEVEL 3: EXPLORING
SEARCH APPROACH	Able to successfully exploit both the problem and the solution spaces	Able to explore and redefine either the problem or the solution space	Fully able to explore and redefine both the problem and the solution spaces
CHARACTERISTICS	- Used to overcome cognitive information processing constraints - Can deal with more data - Able to process many different data sources	Either: - Able to discover new ideas and opportunities Or: - Supporting humans in developing more innovative ideas and solutions	- Exploring new avenues in the innovation process - Generate and create innovative and creative new ideas - Explore new ways of defining problems - Explore new ways of addressing problems
MATURITY LEVEL	Realizable applications	Initial implementations	Sandbox experiments
AUTONOMY LEVEL	Human-designed AI systems	→	AI systems with increasing machine autonomy

Abbildung 2.12 Ebenen der Informationsverarbeitungsfähigkeit nach Haefner (Haefner et al. 2021, 7)

Die KI befindet sich noch in den Anfängen, um ihr zukünftiges Potenzial zu erreichen, weshalb in dieser Arbeit wird die Informationsverarbeitungsfähigkeit auf Ebene 1 und 2 untersucht.

2.3.2 Implementierungsansätze

„It is crucial to pick the right tasks for successful AI implementation in the innovation process. First, the tasks must be suitable to be taken over by machines. Second, organizations must be able to obtain sufficient data to train machines.“ (Füller et al. 2022b, 18). Der Zugang zu großen Datenmengen kann, wenn Wettbewerber diesen nicht haben, einen großen und gegebenenfalls auch langfristigen Wettbewerbsvorteil für Unternehmen ergeben (Cockburn et al. 2018, 4). Das

Beschaffen ausreichend großer Datensätze für das Training von Algorithmen gilt als die größte Herausforderung für Unternehmen, wenn sie KI im Innovationskontext nutzen wollen. Weitere Herausforderungen stellen das Labeln der Daten, Schwierigkeiten bei der Generalisierung, erhöhte Ausgaben und die Nachvollziehbarkeit der Ergebnisse dar (Füller et al. 2022a, 13–14). Außerdem sieht Prem (2022) die Auswahl einer geeigneten Aufgabe und eines geeigneten Systems als eine große Herausforderung: „This implies an extremely broad innovation potential that provides challenges for innovation management in selecting not only the right AI models and technologies, but more fundamentally the precise character of the targeted AI system." (Prem 2022, 41). Das bestätigen auch 54 % der in der Studie von Weigand et al. (2021) befragten Unternehmen, die die Aufklärung zu Nutzungsmöglichkeiten von KI als die wichtigste Maßnahme sehen, um einen KI-gestützten Innovationsprozess zu optimieren (Weigand et al. 2021, 49).

Um das volle Potenzial von KI im Innovationsmanagement auszuschöpfen, muss daher eine angemessenen Implementierung erfolgen (Füller et al. 2022b, 2). Wie genau KI in das Innovationsmanagement implementiert werden kann, ist jedoch nicht eindeutig festgelegt. Die Studie von Füller/Bilgram (2019) kommt zu dem Entschluss, dass es viele Ansätze, jedoch keine Einigkeit zur Implementierung von KI im Innovationsmanagement gibt (Bilgram und Füller 2019, 3). Unternehmen müssen daher einen eigenen, systematischen Ansatz entwickeln (Füller et al. 2022b, 18; Haefner et al. 2021, 6). Das Wissen darüber, wie KI implementiert werden kann, ist jedoch noch sehr gering (Füller et al. 2022b, 1).

Für Bouschery et al. (2023) kann die KI als eine Art „künstlicher Kollege" in den Innovationsprozess einbezogen werden. Die KI-Modelle können dazu verwendet werden, Verbindungen zwischen verschiedenen Ideen herzustellen, die für Menschen nicht direkt sichtbar wären. Außerdem kann ein solches Modell mit wenig Anleitung von den Menschen dazu gebracht werden, Aufgaben zu erledigen. Das bedeutet, dass menschliche Teammitglieder nur eine begrenzte Anzahl von Beispielen für eine Aufgabe geben müssen, woraufhin das Modell sinnvolle Ausgaben erstellen kann (Bouschery et al. 2023, 149).

Füller et al. (2022b) haben vier Typen von Umsetzern identifiziert: KI-Frontrunner, KI-Praktiker, KI-Gelegenheitsinnovatoren und Nicht-KI-Innovatoren (Füller et al. 2022b, 2). Unternehmen, die eine zögerliche Herangehensweise an die Implementierung von KI im Innovationsmanagement verfolgen, werden KI-Gelegenheitsinnovatoren bezeichnet. Sie haben bisher keine festen Verpflichtungen in Bezug auf KI-basiertes Innovationsmanagement übernommen. Sie investieren wenig in KI und führen gelegentliche Pilotprojekte durch, um sich mit KI-Technologien vertraut zu machen. Sie erwägen eher, auf sich ergebende Möglichkeiten im Zusammenhang mit KI abzuwarten, anstatt KI zentral und integriert zu kontrollieren (Füller et al. 2022b, 12). Unternehmen, die eine pragmatische Herangehensweise an die Implementierung von KI verfolgen, werden als KI-Praktiker bezeichnet. Sie streben nach konkreten Ergebnissen, setzen jedoch auf die Anwendung vorhandenen Wissens und die Zusammenarbeit mit externen Partnern, anstatt eine interne KI-Expertise aufzubauen. Sie haben ein mittleres Engagement in Bezug auf das Budget für KI in der Innovation und verfolgen eine ausgewogene Strategie zwischen der Erkundung neuer Innovationsmöglichkeiten und der Optimierung bestehender Prozesse mithilfe von KI (Füller et al. 2022b, 13). KI-Frontrunner sind führend in der Integration von KI in das Innovationsmanagement. Sie investieren erhebliche Teile ihres Innovationsbudgets in diese Technologie und haben eine dominante KI-Innovationsstrategie. Sie legen großen Wert auf den Schutz ihres geistigen Eigentums und wollen innovative Geschäftsmodelle erkunden und vorhandene Produkte mithilfe von KI optimieren (Füller et al. 2022b, 13–14).

Füller et al. (2022a) erkennen auch einen Zusammenhang zwischen der Unternehmensgröße und den Implementierungsansätzen. So sind KI-Gelegenheitsinnovatoren meist kleinere Unternehmen, von denen 54 % einen Umsatz von weniger als 100 Mio. € pro Jahr angeben. Die KI-Pragmatiker sind meist größer, wobei 50 % einen Umsatz von mehr als 1 Mrd. € pro Jahr angeben. Die meisten KI- Frontrunner sind Großunternehmen, von denen 43 % einen Umsatz von mehr als 1 Mrd. € pro Jahr angeben. Im Vergleich zu den beiden anderen Gruppen weisen die KI-Leader den höchsten Anteil an Unternehmen aus den Bereichen Technologie, Medien und Telekommunikation sowie dem Finanzsektor auf, die in Bezug auf ihre KI-Initiativen die fortschrittlichsten Branchen zu sein scheinen (Füller et al. 2022a, 21–22).

Das AI Innovation Maturity Index (AIMI) Framework nach Yams/Shubina (2022) gibt einen ganzheitlichen Überblick und kombiniert die wesentlichen organisatorischen, strategischen und technischen Bedingungen, die für KI-basierte Innovationen erforderlich sind, und berücksichtigt gleichzeitig die zentralen Anforderungen an Ethik, Legalität und Robustheit (Yams et al. 2020, 10).

Das AIMI Framework unterscheidet zwei Arten von KI: „bolt-on“ und „integrated“. „Bolt-on“ ist in einen bestehenden Geschäftsprozess integriert. Dabei handelt es sich meist um einzelne Prozesse, die in keiner bedeutenden Abhängigkeit zu anderen stehen. Der Fokus liegt hier besonders auf der Optimierung bestehender Prozesse. „Integrated“ KI ist hingegen tief in der Geschäftsstrategie eines Unternehmens implementiert. Es ist langzeitorientiert und soll Wert über das ganze Unternehmen und darüber hinaus schaffen (Yams und Shubina 2022, 30–31). Viele Unternehmen starten mit Bolt-on KI in verschiedenen Use Cases. Je mehr Use Cases und Erfahrung die Unternehmen damit erhalten, desto näher kommen sie dem integrierten Ansatz. Sind die „bolt-on“ Use Cases operationalisiert, können Unternehmen KI tiefergreifender in ihre Strukturen integrieren (Yams und Shubina 2022, 31).

Einen weiteren Ansatz zur Implementierung bieten Agrawal et al. (2022). Der „AI Canvas“ soll helfen den richtigen Einsatz für ein KI-Tool zu definieren und legt dabei den Fokus auf Vorhersagen (Agrawal et al. 2022, 158). Abbildung 2.13 zeigt die fünf Kategorien des AI Canvas, welche helfen sollen, die Aufgaben der KI aufzuteilen (Abbildung 2.13).

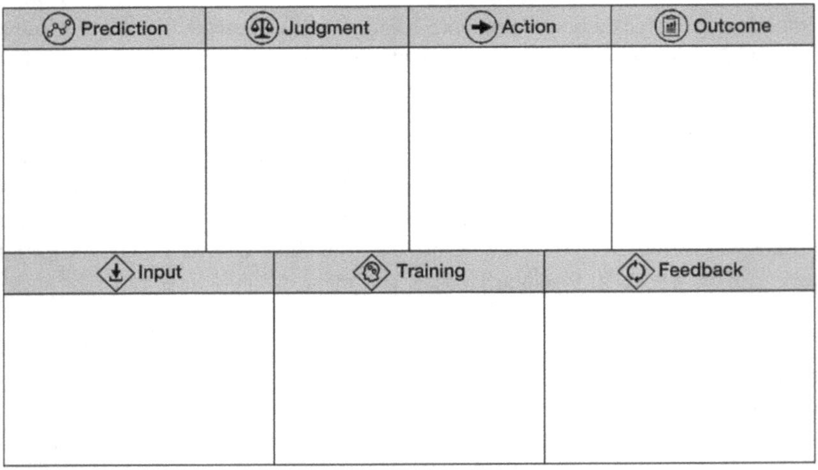

Abbildung 2.13 AI Canvas nach Agrawal et al. (Agrawal et al. 2022, 159)

Die vorgestellten Implementierungsansätze zeigen die unterschiedlichen Herangehensweisen der Autoren. Dabei verdeutlichen diese, dass es, wie von Füller et al. (2019) beschrieben, keine festgelegte Implementierungsstrategie gibt.

Methodik 3

Nach der Definition der Ziele der Lösung, der zweiten Aktivität von Pfeffers DSR Modell, wird in diesem Kapitel die Vorgehensweise zu Erreichung dieser erläutert (Peffers et al. 2007, 55). Nachfolgend soll die Methodik der Forschung vorgestellt werden, anhand derer die erarbeitete Forschungsfrage beantwortet werden soll. Dazu wird zunächst das Forschungsdesign vorgestellt. Abschnitt 3.2 beschreibt die Erörterung des Use Cases näher. Anschließend sollen die Erhebungsinstrumente und die Datenanalyseverfahren für die Interviews vorgestellt werden. Die Art der Erhebung und Auswertung der Daten soll ebenfalls in Abschnitt 3.2 nachvollziehbar gemacht werden, um dem Qualitätsanspruch qualitativer Forschung gerecht zu werden. Dabei soll ausschließlich die Begründung der Methodenwahl und der Verfahren thematisiert werden, die relevant für die Beantwortung der Forschungsfrage erscheinen.

3.1 Forschungsdesign

Um den Forschungsfragen nachzugehen und daraus praxisrelevante Schlussfolgerungen zu ziehen, bietet es sich an, die qualitative Erhebung in Form von halbstandardisierten Experteninterviews durchzuführen, da durch diese aktuelle Daten und Erkenntnisse aus der Praxis erhoben werden können. Laut Meuser und Nagel (2013) können Experteninterviews als methodisches Vorgehen verwendet werden, wenn diese auf den Zweck abzielen, „das Erfahrungswissen und die

Ergänzende Information Die elektronische Version dieses Kapitels enthält Zusatzmaterial, auf das über folgenden Link zugegriffen werden kann https://doi.org/10.1007/978-3-658-46697-8_3.

M. Rohrer, *Künstliche Intelligenz im Produktinnovationsprozess*, BestMasters, https://doi.org/10.1007/978-3-658-46697-8_3

Faustregeln“ (Meuser und Nagel 2013, 457) zu erfragen. Eine genauere Beschreibung der Experten sowie der Erhebungsmethode soll in den folgenden Kapiteln vorgenommen werden. Das Wissen der Experten ergibt sich aus den alltäglichen Handlungsroutinen im Unternehmen.

Die Arbeit basiert auf einem qualitativen Forschungsansatz, da wenige Personen mit offenen Forschungsfragen befragt werden. Dabei werden die erhobenen Daten interpretativ ausgewertet (Döring 2023c, 186). Die Gütekriterien qualitativer Forschung formulieren Lincoln und Guba (1985) als die vier Kriterien der Glaubwürdigkeit. Dazu gehören die Vertrauenswürdigkeit, die Übertragbarkeit, die Zuverlässigkeit und die Bestätigbarkeit (Döring 2023b, 108). Diese sind vergleichbar mit den Gütekriterien der quantitativen Forschung, weshalb dieser Kriterienkatalog in der Forschung häufig Anwendung findet (Döring 2023b, 108). Döring (2023b) beschreibt die Gütekriterien der qualitativen Sozialforschung nach Lincoln und Guba (1985) genauer. Unter Vertrauenswürdigkeit fallen die Ergebnisse und Interpretationen, welche auf Basis der Daten generiert wurden (Döring 2023b, 109). Dabei sind die Ergebnisse und Interpretationen der Studie auf andere Kontexte übertragbar. Dies wird gewährleistet, indem die Beschreibung der Studie so genau wie möglich geschieht, so dass der Transfer auf andere Personen und Kontexte eingeschätzt werden kann (Döring 2023b, 109). Der Forschungsprozess ist zuverlässig, da er nachvollziehbar gestaltet und durchlaufen wurde (Döring 2023b, 109). Als viertes Kriterium nennen sie die Bestätigbarkeit. Dabei soll gewährleistet werden, dass die Studienergebnisse unabhängig von den Interessen, Vorurteilen und Perspektiven der Forschenden entstanden sind (Döring 2023b, 110). Alle Kriterien müssen in dieser Arbeit berücksichtigt werden. Die Forschung soll nachfolgend anhand der sechs Klassifikationskriterien für wissenschaftliche Interviews von Döring (2023) näher beschrieben werden:

1. *Grad der Strukturierung der Interviewsituation*: Die Erhebung erfolgt anhand eines halbstrukturierten Interviews, welches auf einem Interviewleitfaden basiert. Dieser besteht aus offenen Fragen, welche dem Interview angepasst vorgezogen, übersprungen oder durch Nachfragen vertieft werden können.
2. *Anzahl der gleichzeitig interviewten Befragungspersonen*: Es wird jeweils maximal eine Person befragt.
3. *Art des Interviewkontaktes bzw. Interviewmodus*: Die Interviews finden als persönliches Gespräch, telefonisch oder online über die Plattform Microsoft Teams statt.
4. *Anzahl der Interviewenden*: Das Interview wird von maximal einer interviewenden Person geführt.

5. *Art der Befragungspersonen*: Die Befragungspersonen sind Experten, da sie viel Praxiserfahrung im Bereich der Konzepterstellung oder der KI besitzen.
6. *Art der Interviewtechnik*: Die Erhebung erfolgt anhand eines Leitfadeninterviews.

(Döring 2023a, 355–357)

Die Fragen wurden teilweise in Anlehnung an bestehende Theorien entwickelt, teilweise wurden sie auf dieser Grundlage mittels deduktiver Methode abgeleitet. Außerdem besteht das Erkenntnisziel darin, praktische Problemlösungsansätze zu formulieren. Diese sollen dazu beitragen, Implementierungsmöglichkeiten für bestimmte Aufgaben innerhalb der Konzepterstellungsphase eines Innovationsprozesses zu liefern. In diesem Zusammenhang wird die Erkenntnis anhand praktischer Ergebnisse und konkreter Erkenntnisse bewertet (Döring 2023c, 187).

3.2 Datenerhebung

Um eine Definition der Konzepterstellungsphase für diese Arbeit zu erarbeiten und einen Rahmen für die Interviews zugeben, werden die Ausführungen verschiedener Autoren zu diesem Thema betrachtet und konsolidiert. Daraus werden Use Cases abgeleitet, welche auf Grundlage aktueller Fachliteratur innerhalb der Konzepterstellung ausgeführt werden. Anhand dieser wird sich das weitere Vorgehen orientieren. Die Auswahl der Use Cases wurde durch präzise Ein- und Ausschlusskriterien gesteuert. Der Fokus lag auf der Identifikation von Prozessen und Aufgaben, die sich konkret mit Konzepterstellung befassen.

Die Identifizierung der Literatur erfolgte über die Plattform Google Scholar sowie die Katalogsuche der Bibliothek des Karlsruher Instituts für Technologie. Diese wurden nach folgenden Suchbegriffen durchsucht: „Innovationsprozess", „Produktinnovationsprozess" und „Produktentwicklungsprozess". Die so identifizierten Prozesse wurden anhand folgender Ein- und Ausschlusskriterien näher betrachtet.

Nach den in Tabelle 3.1 beschriebenen Kriterien konnten acht Quellen identifiziert werden, die den Anforderungen genügen. Um die Aufgaben in der Konzepterstellung zu erarbeiten, wurden alle acht Quellen mit Hilfe einer qualitativen Analyse untersucht. Die fünf Hauptkategorien wurden hierbei deduktiv erhoben. Diese wurden durch die Anzahl der Nennungen je Autor validiert und für die Experteninterviews weiter genutzt, um einen Rahmen für den Interviewleitfaden zu geben (Siehe Anhang A im elektronischen Zusatzmaterial)

Tabelle 3.1 Ein- und Ausschlusskriterien der Suche

Einschlusskriterien	Ausschlusskriterien
Autor verwendet folgende Begriffe für eine Phase seines Prozesses: „Konzeptentwicklung", „Konzeptionierung", „Konzeptgenerierung", „Konzepterarbeitung", „Konzept", „Konzeption" sowie dem jeweils englischen Äquivalent	Autor verwendet *keinen* der folgenden Begriffe für eine Phase seines Prozesses: „Konzeptentwicklung", „Konzeptionierung", „Konzeptgenerierung", „Konzepterarbeitung", „Konzept", „Konzeption" sowie dem jeweils englischen Äquivalent
Autor beschreibt die Phase näher	Autor beschränkt sich auf die Nennung der Phase
Quelle ist in deutscher oder englischer Sprache verfügbar	Quelle ist nicht in deutscher oder englischer Sprache verfügbar

Die Experten teilen sich in zwei Gruppen auf. Daraus ergeben sich zwei Befragungsrunden. Die erste Runde hat das Ziel herauszufinden, wie die Experten die in den Use Cases beschriebenen Aufgaben aktuell ausführen und die daraus resultierenden Herausforderungen in der Praxis bewältigen. Die Zielgruppe dieser Befragung waren Anwender, die mit in ihrer täglichen Arbeit konfrontiert werden. Die zweite Befragungsrunde hatte das Ziel, den Einsatz von KI in den Use Cases auf Basis der Ergebnisse der ersten Befragungsrunde zu untersuchen. Die Zielgruppe dieser Runde waren Experten, die über ein hohes Wissen und viel Erfahrung im Bereich der KI verfügen und in der Lage sind, das Einsatzpotenzial von KI im Innovationsprozess einschätzen zu können.

An der Befragung nahmen insgesamt N = 12 Personen teil. Davon nahmen n = 5 Personen in der ersten Befragungsrunde und n = 7 Personen in der zweiten Befragungsrunde teil. Von den Experten der ersten Befragungsrunde arbeiten n = 2 Personen als Berater, n = 2 Personen als Produktmanager und n = 1 Person als Innovationsmanager. Die Teilnehmer der zweiten Befragungsrunde sind in Führungsposition im Bereich IT (n = 3 Personen), Softwareentwickler (n = 2 Personen), Geschäftsführer (n = 1 Person) und Berater (n = 1 Person). Insgesamt waren n = 11 Personen männlich und n = 1 Person weiblich.

Die Angaben beziehen sich dabei auf den Zeitpunkt der Befragung. Die befragten Personen sollen nachfolgend in der Reihe der durchgeführten Interviews kurz vorgestellt und entsprechend nummeriert werden:

- Das erste Interview (B01) wurde mit einem Berater einer Unternehmensberatung aus dem Bereich Innovation und Innovation und Venture Building geführt.
- Das zweite Interview (B02) wurde ebenfalls mit einem Berater einer Unternehmensberatung aus dem Bereich Innovation und Innovation und Venture Building geführt.
- Das dritte Interview (B03) wurde mit einer Produktmanagerin eines Unternehmens, das Küchengeräte herstellt, geführt.
- Das vierte Interview (B04) wurde mit einem Innovationsmanager eines Unternehmens aus der Sanitärtechnikbranche geführt.
- Das fünfte Interview (B05) wurde mit einem Produktmanager eines Unternehmens aus der Sanitärtechnikbranche geführt.
- Das sechste Interview (B06) wurde mit einem Softwareentwickler einer Unternehmensberatung aus dem Bereich Innovation und Innovation und Venture Building geführt.
- Das siebte Interview (B07) wurde ebenfalls mit einem Softwareentwickler einer Unternehmensberatung aus dem Bereich Innovation und Innovation und Venture Building geführt.
- Das achte Interview (B08) wurde mit einem selbstständigen Data Scientist einer Unternehmensberatung aus dem Bereich IT und Software Engineering geführt.
- Das neunte Interview (B09) wurde mit einem Geschäftsführer eines Technologie Start-up Unternehmens geführt.
- Das zehnte Interview (B10) wurde mit einem Head of Solution Architecture einer Unternehmensberatung aus dem Bereich Innovation und Innovation und Venture Building geführt.
- Das elfte Interview (B11) wurde mit einem Head of Industrial Analytics einer Unternehmensberatung aus dem Bereich der digitalen Transformation geführt.
- Das zwölfte Interview (B12) wurde mit einem Berater einer Unternehmensberatung aus dem Bereich der Innovations- und Technologieberatung geführt.

In Folge der geringen Stichprobe ist anzumerken, dass die Erkenntnisgewinne weniger generalisierbar sind, da sie stärker praxisrelevant orientiert sind (Döring 2023c, 187). Für die Beantwortung der Forschungsfrage sind die subjektiven Meinungen und persönlichen Erfahrungswerte der Experten von elementarer Bedeutung. Als Erhebungsinstrument dient deshalb ein halbstrukturiertes und halbstandardisiertes Leitfadeninterview. Dies stellt eine Form der qualitativen

Befragung dar, welche dazu dient Daten zu erheben, die für die Forschungsfrage relevant sind (Gläser et al. 2009, 43).

Die beiden Leitfäden stützen sich einerseits auf die in Abschnitt 2.3 beschriebene Literaturarbeit und andererseits auf die gewonnenen Daten der ersten Interviews. Die Kategorien Technische Machbarkeit, Wirtschaftlichkeitsanalyse, Markt- und Wettbewerbsanalyse, Ausarbeitung des Produktkonzepts durch Spezifikationen sowie Konzeptauswahl und -bewertung wurden in der vorherigen Analyse erhoben und dienen als Grundlage für die Ausgestaltung der Leitfäden. Der Leitfaden für die zweite Befragungsrunde enthält zusätzlich Ergebnisse der ersten Befragungsrunde. Die Leitfäden sind in drei Teile aufgegliedert. Im ersten Teil der Interviews wird eine öffnende Erzählaufforderung gestellt. Im zweiten Teil wird durch spezifischere Nachfragen auf das Forschungsinteresse hin fokussiert (Helfferich 2019, 816). Im dritten Teil wird eine abschließende Frage gestellt, die das Forschungsinteresse genau abbildet, um sicherzustellen, dass hierzu Daten erhoben werden. Zusätzlich wurden im Voraus immanente und exmanente Aufrechterhaltungsfragen formuliert. Immanente Nachfragen nehmen dabei auf bereits thematisiertes Bezug, während exmanente Nachfragen auf ein neues Thema abzielen (Helfferich 2019, 815). Die Fragen können dabei abhängig vom Interviewablauf in ihrer Form und Reihenfolge verändert werden.

3.3 Datenanalyse

Die Transkription stellt einen Transformationsprozess einer Audio- oder Videoaufzeichnung in die Schriftform dar und ist bedeutsam für die spätere Analyse der gesammelten Daten. Eine Transkription hat nicht das Ziel eine exakte Abbildung der Wirklichkeit zu sein, sondern bildet eine theoriegeleitete Rekonstruktion der Datenmenge (Dresing und Pehl 2020, 839). Außerdem stellt sie immer eine Reduktion der gesammelten Informationen dar. Es muss entschieden werden, welche Inhalte für die Beantwortung der Forschungsfrage relevant erscheinen. Unter Inhalte sind dabei die sprachlichen und nicht-sprachlichen Aspekte des Interviews zu verstehen. Eine Transkription muss immer die spätere Lesbarkeit und deren Analyse hingegen der Forschungsfrage ermöglichen (Dresing und Pehl 2020, 838). Bei einer rein sprachlichen bzw. semantischen Transkription werden weniger Kontextinformationen berücksichtigt, da die Betonung und das Verhalten der interviewten Person nicht miteinbezogen werden (Dresing und Pehl 2020, 838). Eine einfache bzw. „flache" Transkription ergibt dabei eine reliable Datenlage (Breuer 2009, 67).

Den Transkriptionen unterliegt ein vorher festgelegtes Transkriptionssystem bzw. Transkriptionsregeln. Das Transkriptionssystem hilft dabei, die Datenreduktion transparent zu gestalten. Zudem ist es bei der Transkription hilfreich Regeln aufzustellen, was und wie transkribiert werden soll (Dresing und Pehl 2020, 842). Dresing/Pehl (2015) haben auf Grundlage der Transkriptionsregeln von Kuckartz et al. (2008) ein einfaches Transkriptionssystem entwickelt (Kuckartz et al. 2008, 27–28). Dieses wird in der vorliegenden Arbeit in leicht veränderter Form auf die Transkription der Daten der Erhebung angewandt. Die Transkriptionsregeln sollen im folgenden Abschnitt für eine erweiterte Transparenz knapp dargestellt werden:

1. Die Transkription erfolgt nicht lautsprachlich oder zusammenfassend, sondern wörtlich. Dialekte werden dabei ins Hochdeutsche übersetzt, ohne den semantischen Inhalt zu verändern.
2. Wortverschleifungen werden an das Schriftbild angenähert, zum Beispiel „Wir ham da so'n System“ wird zu „Wir haben da so ein System“. Die Syntax wird nicht verändert, auch wenn syntaktische Fehler auftreten.
3. Wort- und Satzabbrüche werden erfasst und mit dem Abbruchzeichen – gekennzeichnet.
4. Die Interpunktion wird angepasst, wenn dadurch eine bessere Lesbarkeit hergestellt werden kann. Punkte werden dann gesetzt, wenn die Stimme gesenkt wird. Dabei werden Sinneinheiten beibehalten.
5. Pausen werden durch Auslassungspunkte in Klammern markiert [...]. Die Länge der Pause wird dabei unterschieden in [.] eine Sekunde, [..] zwei Sekunden und [...] drei und mehr Sekunden.
6. Gesprächserhaltende Signale wie „ah, hmh, ja, genau, ähm“ werden nicht transkribiert.
7. Jeder Sprechbeitrag erhält einen eigenen Absatz. Kurze Einwürfe werden in Klammern zwischengeschoben.
8. Unverständliche Wörter werden mit (unv.) markiert.
9. Die beteiligten Personen werden durch ein „I“ für interviewende Person und „B“ für die befragte Person gekennzeichnet.

(Dresing und Pehl 2015, 21–23)

Im Gegensatz zu quantitativen Ansätzen verfolgen qualitative Ansätze keine statistischen Auswerteverfahren, sondern generieren Daten über textanalytische Zugänge (Böder und Rabenstein 2022, 110). Im Folgenden sollen kurz wichtige Aspekte der qualitativen Inhaltsanalyse nach Mayring aufgeführt werden, bevor die sieben Phasen der Auswertung nach Kuckartz (2018) vorgestellt werden, nachdem die erhobenen Daten ausgewertet wurden.

Mayring (2020) selbst merkt an, dass der Begriff qualitative Inhaltsanalyse überholt ist, da er eine Aufteilung von qualitativer und quantitativer Forschung hervorruft. Des Weiteren beschränkt sich die qualitative Inhaltsanalyse nicht nur auf die Inhalte des Textes, sondern analysiert auch formale Textbestandteile und tiefere Bedeutungsstrukturen. Er nennt deshalb den Begriff „qualitativ orientierte kategoriengeleitete Textanalyse“ als Beschreibung des Analyseverfahrens (Mayring 2020, 500). Das Zentrum der Analyse bildet das Kategoriensystem. Die Kategorien müssen genau definiert sein, denn sie dienen als Kurzform der Auswertungsaspekte. Inhaltsanalytische Regeln bestimmen die Zuordnung zum Text. Dabei gibt es zwei Möglichkeiten der Kategorienbildung: die deduktive Kategorienanwendung und die induktive Kategorienbildung. Bei der deduktiven Kategorienanwendung werden die Kategorien vorab explizit festgelegt. Bei der induktiven Kategorienbildung werden die Kategorien erst bei der Analyse induktiv aus dem Text gewonnen und zu Hauptkategorien gruppiert (Mayring 2020, 498). Für das induktive Verfahren stellen die Festlegung der Kategoriendefinition und das Abstraktionsniveau die wesentlichen inhaltsanalytischen Interpretationsregeln dar. Beim deduktiven Verfahren dient hierfür der Codierleitfaden. Dennoch kann ein Codierleitfaden auch beim induktiven Verfahren hilfreich sein (Mayring 2020, 500).

Kuckartz (2018) beschreibt die sieben Phasen des Analyseprozesses genauer. In Phase 1 wird die initiierende Textarbeit durchgeführt, bei der die wichtigsten Textpassagen markiert und wichtige Notizen festgehalten werden. Den Abschluss der ersten Phase bildet eine erste kurze Fallzusammenfassung. In der zweiten Phase werden die thematischen Hauptkategorien gebildet. Dadurch soll eine inhaltliche Strukturierung der Daten erzeugt werden. Die Hauptthemen können aus der Forschungsfrage abgeleitet werden und sind schon bei der Erhebung der Daten leitgebend (Kuckartz 2018, 101). In der dritten Phase startet der erste Codierprozess. Dabei wird der Text sequenziell durchgegangen und die einzelnen Textabschnitte werden den verschiedenen Kategorien zugeordnet. Nicht sinntragende Textstellen oder Textpassagen werden nicht codiert, wenn sie irrelevant für die Forschung sind (Kuckartz 2018, 102). In den Phasen 4 und 5 werden die Textabschnitte aus den verschiedenen Interviews, welche derselben Kategorie angehören zusammengestellt und weitere Subkategorien induktiv am Material erstellt. In Phase 6 wird das gesamte Datenmaterial anhand des erstellten Kategoriensystems analysiert und Visualisierungen erstellt (Phase 7). Abbildung 3.1 stellt das Ablaufschema einer inhaltlich strukturierenden Inhaltsanalyse nach Kuckartz (2018) dar.

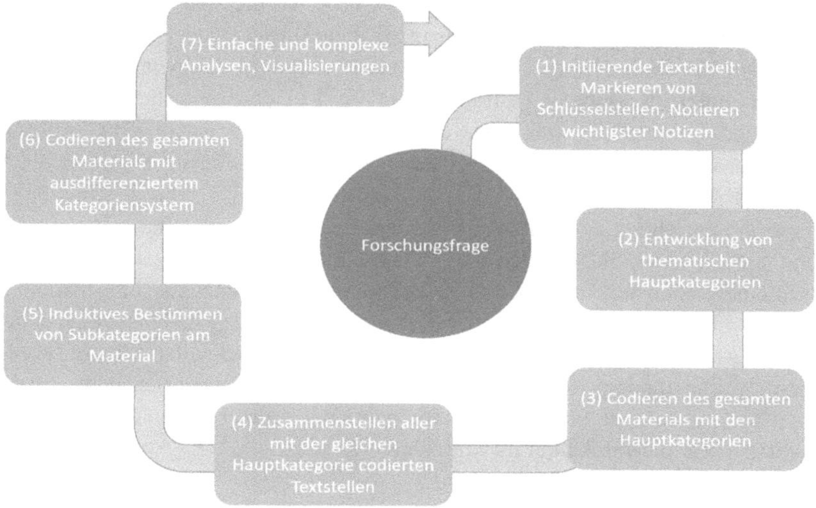

Abbildung 3.1 Ablaufschema inhaltlich strukturierende Inhaltsanalyse. (Eigene Darstellung nach Kuckartz 2018, 100)

Für die vorliegende Arbeit wurden für jede Befragungsrunde ein separates Kategoriensystem entwickelt. Das Kategoriensystem der ersten Runde besteht aus 5 Hauptkategorien, 10 Subkategorien und 29 Sub-Subkategorien. Das Kategoriensystem der zweiten Runde besteht aus 8 Hauptkategorien, 30 Subkategorien.

Die Hauptkategorien Technische Machbarkeit, Wirtschaftlichkeitsanalyse, Markt- und Wettbewerbsanalyse, Ausarbeitung des Produktkonzepts durch Spezifikationen und Konzeptauswahl& -bewertung sind in beiden Kategoriensystemen identisch und wurden in der vorherigen Analyse erhoben. Zudem wurden jeweils Unterkategorien zu den Hauptkategorien sowie weitere Hauptkategorien induktiv aus den Transkripten erstellt. Eine genaue Beschreibung und Definition der Kategorien kann in den Codierleitfäden (Anhang B.1 und B.2 im elektronischen Zusatzmaterial) nachgelesen werden.

Für die weitere Auswertung der Interviews wurden die Probleme der Anwender betrachtet und auf Basis der Interviews mit den KI-Experten versucht, Lösungsansätze für diese Probleme zu finden. Hierzu wurden die Sub-Subkategorien des ersten Codierleitfaden (Siehe Anhang B.1) betrachtet. Aufgrund der inhaltlichen Nähe wurde aus Gründen der besseren Lesbarkeit

Herausforderungen „Ressourcen“ und „Unsicherheit“, die sich in mehreren Use Cases wiederfinden, jeweils zusammengefasst und als eigene Kategorie dargestellt. Die Herausforderung „Kapazität“ wurde aufgrund der inhaltlichen Nähe ebenfalls unter „Ressourcen“ zusammengefasst. Mit den so festgelegten neuen Kategorien wurden die Aussagen der KI-Experten untersucht und versucht Lösungsansätze für die Probleme zu entwickeln. Diese sind in Abschnitt 4.4.1 dargestellt.

Für die Erstellung des Leitfadens wurden die Subkategorien jeder Hauptkategorie (siehe Anhang B.2) berücksichtigt. Diese dienten dazu, Vorgehensweisen in Form eines schematischen Ablaufs zu definieren und zusätzliche Informationen für den KI-Einsatz in den Use Cases bereitzustellen. Um die Ergebnisse übersichtlich darzustellen, wurden Infokarten erstellt, die einen schnellen Überblick für eine mögliche Implementierung bieten. Da einige Hauptkategorien nicht einem Use Case zugeordnet werden konnten, wurden daraus Handlungsempfehlung entwickelt, die die Infokarten im Leitfaden ergänzen.

Design des Artefakts 4

Kapitel 4 beschäftigt sich mit dem dritten Schritt von Pfeffers Vorgehensmodell, dem Design und der Entwicklung. Abschnitt 4.1 stellt zunächst vor, welche Tätigkeiten es in der Konzepterstellungsphase gibt und wie diese in Use Cases zusammengefasst werden können. In Abschnitt 4.2 werden die wichtigsten Ergebnisse der ersten Befragungsrunde mit Anwendern dargestellt. Hierbei werden zum einen die aktuellen Vorgehensweisen vorgestellt, als auch die Probleme und Herausforderungen, die beim Ausführen dieser auftreten. Anschließend werden in Abschnitt 4.3 die Ergebnisse der zweiten Befragungsrunde mit KI-Experten erläutert. Die Ergebnisse beziehen sich darauf, ob und wie KI im jeweiligen Use Case eingesetzt werden kann. In Abschnitt 4.4 wird das Artefakt, der Leitfaden, konzipiert. Hierzu werden die Ergebnisse interpretiert und Lösungen für die Probleme der Anwender entwickelt. Außerdem werden mögliche Vorgehensweisen für einen KI-Einsatz in den Use Cases vorgestellt.

4.1 Definition der Use Cases

Auf Basis der in Abschnitt 2.1.3 dargestellten Aufgaben können fünf Use Cases festgelegt werden. Die sich aus den Hauptkategorien der qualitativen Auswertung ergebenden Use Cases sind die Überprüfung der technischen Machbarkeit, Durchführung einer Wirtschaftlichkeitsanalyse, Durchführung einer Markt- und Wettbewerbsanalyse, Ausarbeitung des Produktkonzepts durch Spezifikationen

Ergänzende Information Die elektronische Version dieses Kapitels enthält Zusatzmaterial, auf das über folgenden Link zugegriffen werden kann https://doi.org/10.1007/978-3-658-46697-8_4.

M. Rohrer, *Künstliche Intelligenz im Produktinnovationsprozess*, BestMasters,
https://doi.org/10.1007/978-3-658-46697-8_4

und die Konzeptauswahl und -bewertung. Tabelle 4.1 zeigt die Use Cases mit Zuordnung der Autoren.

Tabelle 4.1 Zuordnung der Autoren zu den Use Cases

Use Case	Autoren
Überprüfung der technischen Machbarkeit	Müller-Prothmann, Gassmann/Sutter, Reichwald/Piller, Ulrich, Cooper
Wirtschaftlichkeitsanalyse	Pleschak/Sabisch, Reichwald/Piller, Ulrich, Hofbauer/Sangl
Markt- und Wettbewerbsanalyse	Gassmann/Sutter, Herstatt, Pleschak/Sabisch, Reichwald/Piller, Ulrich, Cooper
Ausarbeitung des Produktkonzepts durch Spezifikationen	Müller-Prothmann, Herstatt, Ulrich, Hofbauer/Sangl, Cooper
Konzeptauswahl& -bewertung	Reichwald/Piller, Cooper, Pleschak/Sabisch

Diese fünf Use Cases stellen die Kernaufgaben in der Konzepterstellung dar, da sie die höchste Einigkeit zwischen den Autoren zeigt. Im Folgenden sollen die Use Cases basierend auf den Beschreibungen der Autoren näher dargestellt werden.

Die erste Aufgabe in der Konzepterstellungsphase ist die Überprüfung der technischen Machbarkeit. Hier soll in einem ersten Schritt untersucht werden, ob das Konzept umgesetzt werden kann. Hierzu werden simple Prototypen in Form von Visualisierungen wie Skizzen, Mockups, Animationen oder Software-Prototypen erstellt (Reichwald und Piller 2006, 120–121; Gassmann und Sutter 2011, 40). Auch können erste physische Prototypen bereits entwickelt werden, um die Funktionalitäten zu überprüfen (Ulrich 2008, 14). Ziel des Use Cases ist die Überprüfung der Umsetzbarkeit von innovativen Ideen oder Konzepten.

Die Durchführung einer Wirtschaftlichkeitsanalyse stellt die zweite Kernaufgabe der Konzepterstellungsphase dar. In diesem Use Case liegt der Fokus auf der wirtschaftlichen Bewertung von Konzepten. Darunter fallen unter anderem die Umsatz- und Kostenschätzung sowie die Wirtschaftlichkeitsrechnung (Hofbauer und Sangl 2018, 404–405; Pleschak und Sabisch 1996, 25). Dies erfolgt zum einen auf der Grundlage von Marktdaten und zum anderen anhand interner Daten zu unternehmensspezifischen Kosten wie Herstellkosten (Ulrich 2008, 14). Die Wirtschaftlichkeitsanalyse soll aufzeigen, ob die Implementierung eines Konzepts finanziell sinnvoll ist und welchen Beitrag es zur Gesamtwirtschaftlichkeit leisten kann.

Die dritte Aufgabe in der Konzepterstellungsphase ist die Durchführung einer Markt- und Wettbewerbsanalyse. Dieser Use Case konzentriert sich auf die Untersuchung des Marktes und des Wettbewerbsumfelds im Zusammenhang mit einem Konzept (Verworn und Herstatt 2000, 11; Pleschak und Sabisch 1996, 25; Ulrich 2008, 14). Hierunter fällt auch die Identifizierung von Lead Usern (Gassmann und Sutter 2011, 40; Reichwald und Piller 2006, 120–121). Ziel ist es, die Positionierung eines Konzepts im Markt und die Wettbewerbsfähigkeit zu verstehen.

Die Ausarbeitung des Produktkonzepts durch Spezifikationen ist die vierte Aufgabe der Konzepterstellungsphase. Hier geht es um die detaillierte Ausarbeitung eines Produktkonzepts durch die Erstellung von Spezifikationen (Verworn und Herstatt 2000, 11). Klassische Methoden sind hier beispielsweise das Kanomodell sowie Lasten- und Pflichtenhefte (Hofbauer und Sangl 2018, 404–405). Dieser Use Case beleuchtet, wie Konzepte in konkrete Produktanforderungen umgesetzt werden.

Im fünften Schritt wird die Konzepterstellungsphase durch Konzeptauswahl und -bewertung abgeschlossen. Dieser Use Case befasst sich mit dem Prozess der Auswahl und Bewertung von Konzepten (Reichwald und Piller 2006, 120–121; Pleschak und Sabisch 1996, 25). Ziel ist es, die Eignung der entwickelten Konzepte für die weitere Entwicklung zu bestimmen und eine Entscheidung zu treffen, welches Konzept entwickelt werden soll.

Insgesamt decken die Use Cases die Hauptaktivitäten in der Konzepterstellungsphase eines Innovationsprozesses ab. Trotz der leicht unterschiedlichen Benennungen der Phase bei verschiedenen Autoren stellen diese Use Cases einen ganzheitlichen Überblick dar.

4.2 Aufgaben und Herausforderungen in der Konzepterstellungsphase

Das folgende Kapitel stellt die Ergebnisse des Leitfadeninterviews mit Anwendern, welche für die Beantwortung der ersten Forschungsfrage relevant sind, anhand des Kategoriensystems der qualitativen Inhaltsanalyse nach Kuckartz (2018) vor. So werden zunächst die aktuellen Vorgehensweisen betrachtet, bevor die Herausforderungen und Probleme näher beleuchtet werden. Die Unterteilung der verschiedenen Kategorien entspricht dabei dem Kategoriensystem, welches sowohl deduktiv und induktiv entwickelt wurde. Das Kategoriensystem gliedert sich in fünf Hauptkategorien, zehn Subkategorien und 29 Sub-Subkategorien (siehe auch Abschnitt 3.3). Bei der Darstellung der Ergebnisse erfolgt zunächst die Definition der jeweiligen Kategorie. Darauffolgend werden die Hauptaussagen der befragten Personen vorgestellt und zitiert. Die transkribierten Interviews können im Anhang D im elektronischen Zusatzmaterial nachgelesen werden. Ebenfalls befinden sich im Anhang B.1 die Kategoriensysteme in Form des Codierleitfadens für die erste Befragungsrunde. Eine Zusammenfassung der wesentlichen Ergebnisse findet sich am Ende jedes Kapitels wieder. Die befragten Personen werden im Nachfolgenden als B01, B02, B03, etc. bezeichnet.

4.2.1 Aktuelle Vorgehensweisen

Die Ergebnisse in diesem Kapitel beziehen sich auf die aktuellen Vorgehensweisen bei der Durchführung der Aufgaben in den Use Cases. Den Interviewten wurden die Definition des jeweiligen Use Cases präsentiert und sie dazu befragt, wie sie diese Tätigkeit in ihrer täglichen Unternehmenspraxis durchführen. Durch vertiefende Rückfragen konnten so Erkenntnisse über die Ausführung der Tätigkeiten gewonnen werden. Die Ergebnisse wurden hierzu in Sub-Subkategorien zu dem jeweiligen Use Case, der die Hauptkategorie bildet, gesammelt und geclustert. Im Folgenden werden nun die Use Cases einzeln betrachtet.

Technische Machbarkeit
Im Use Case „Technische Machbarkeit" wurden die Aussagen zu den aktuellen Vorgehensweisen in die vier Sub-Subkategorien Prototypen, Programme, Mockups und Experten geclustert.

Die Kategorie „Prototypen" beschreibt den Entwicklungsprozess von funktionsfähigen Modellen oder Testversionen, sowohl im Software-, als auch im physischen Produktbereich, um die Machbarkeit, Funktionalität und Benutzerakzeptanz zu prüfen, bevor die eigentliche Umsetzung erfolgt. So entwickelt B02 beispielsweise einen ersten Prototyp eines Softwareprodukts bei dem auch schon Funktionen getestet werden können (B02, Absatz 10). Auch B03, B04 und B05 verfahren so, dies jedoch mit physischen Produkten (B03, Absatz 8; B04, Absatz 8; B05, Absatz 8).

Die Kategorie „Programme" bezieht sich auf den Einsatz von Design- und Simulationsprogrammen, um visuelle Darstellungen, Simulationen oder Renderings für die Entwicklung und Exploration von Produktideen zu erstellen. B02 nutzt hierzu zum Beispiel Programme wie Figma und Adobe XD für die Darstellung von Software oder Apps (B02, Absatz 8). B05 nutzt für physische Produkte Renderings, die zusammen mit Produktdesignern erstellt werden (B05, Absatz 8). B03 nutzt ein Simulationsprogramm, um Produkte und mögliche Features zu testen: „[...] simuliert man das halt dann auf eine gewisse Art und Weise, dass man sagt, ich kann jetzt abschätzen, ich brauche mehr oder weniger Sensoren, ich brauche es dicker oder dünner und so weiter. Und das ist natürlich in der Simulation deutlich einfacher, wie wenn ich halt jetzt eben 100 Schweinebraten mache mit fünf unterschiedlichen Produktkonzepten“ (B03, Absatz 12).

Die Kategorie „Mockups“ bezieht sich auf den Einsatz von Low-Fidelity-Prototypen und Skizzen als eine Form der Visualisierung. Diese nutzt vor allem B02 zur einfachen Darstellung möglicher Produkte (B02, Absatz 8).

Die Kategorie „Experten“ bezieht sich darauf, dass technische Experten, insbesondere aus der Softwareentwicklung und der klassischen F&E, frühzeitig eingebunden werden. Dies umfasst die Analyse, eventuelle Rückfragen und die Zusammenarbeit mit verschiedenen Teams, um technische Lösungen zu evaluieren und sicherzustellen, dass funktionelle Aspekte berücksichtigt werden. B01 hat beispielsweise Software-Experten im Unternehmen, die ein breites Wissen über die Produkte besitzen und die Ideen und Darstellungen hinterfragen können (B01, Absatz 10). B03 und B04 stimmen sich bei physischen Produkten eng mit der Entwicklungsabteilung ab, um die Machbarkeit der Konzepte zu bewerten (B03, Absatz 10; B04, Absatz 8). Bei B05 bringt der Produktdesigner bereits in einer frühen Phase die Kundensicht mit ein (B05, Absatz 10).

Wirtschaftlichkeitsanalyse

Im Use Case „Wirtschaftlichkeitsanalyse“ wurden die Aussagen zu den aktuellen Vorgehensweisen in die drei Sub-Subkategorien Marktdaten, Kalkulationsszenarien und Excel Templates eingeteilt.

Zur Kategorie „Marktdaten“ gehört die Abschätzung des Marktvolumens, die Identifizierung potenzieller Märkte und die Bewertung der Erreichbarkeit und Relevanz bestimmter Kundensegmente. Die Analyse bezieht sich auf historische Daten, Marktdaten von externen Quellen und Ableitungen, um den potenziellen Erfolg eines Produkts auf dem Markt einzuschätzen. So ist für B01 „[...] das Wichtigste, dass es genug gut zahlende Kunden gibt [...]“ (B01, Absatz 14). B03 nutzt hierzu historische Daten und Marktdaten von entsprechenden Dienstleistungsfirmen oder spricht mit dem Vertrieb des eigenen Unternehmens (B03, Absatz 16–18). B04 versucht diese Informationen mit eigenen Onlinebefragungen für Kunden herauszufinden (B04, Absatz 16). Diese Sub-Subkategorie steht in engem Zusammenhang mit der Hauptkategorie Markt- und Wirtschaftlichkeitsanalyse.

Die Kategorie „Kalkulationsszenarien“ beinhaltet eine marktbezogene Vorgehensweise bei der Bewertung von Kosten und Wirtschaftlichkeit. B01 berücksichtigt hier unteranderem die strategischen Passgenauigkeit und führt „Bierdeckelrechnungen“ durch (B01, Absatz 14). B02 kalkuliert „Bottom-up“ und führt eine optimistische, realistische und pessimistische Kalkulation durch, um verschiedene Szenarien abzudecken (B02, Absatz 18). B03 und B05 helfen bei der Kalkulation Daten von bereits im Markt etablierten Vorgängerprodukten, um sichere Aussagen für die Kernmärkte zu treffen (B03, Absatz 16; B05, Absatz 14).

Die Kategorie „Excel Templates“ beinhaltet die Anwendung vordefinierter Vorlagen im Programm Microsoft Excel, die für verschiedene Projekte und Kalkulationen von vorherigen Produkten bereits genutzt wurden. B02 helfen diese, um konkrete Kalkulationen aufzustellen (B02, Absatz 18). Auch B04 nutzt solche Templates, da oft schon Daten hinterlegt sind und leicht angepasst werden können (B04, Absatz 22).

Markt- und Wettbewerbsanalyse

Im Use Case „Markt- und Wettbewerbsanalyse“ wurden die Aussagen zu den aktuellen Vorgehensweisen den drei Sub-Subkategorien Benchmarkanalysen, Marktsegmentierung und Datengewinnung zugeordnet.

Die Kategorie „Benchmarkanalysen“ umfasst die Definition der Wettbewerber sowie die Herkunftsrichtung potenzieller Konkurrenz (B01, Absatz 22). Innerhalb dieser Kategorie werden unteranderem Benchmarkprodukte bestellt und mit der Zielgruppe getestet, um ihre Leistung zu bewerten (B04, Absatz 26). Des Weiteren werden Analysen durchgeführt, um die eigene Position im Markt festzustellen (B04, Absatz 26).

Die Kategorie „Marktsegmentierung“ beinhaltet verschiedene Ansätze zur Untersuchung des Marktes. Für B01 muss zunächst der Kunde definiert werden, bevor der Markt untersucht werden kann (B01, Absatz 16). B04 untersucht das durchschnittliche Marktwachstum (CAGR), um die Marktentwicklung einschätzen zu können (B04, Absatz 16). B01 und B04 nutzen beispielsweise auch das TAM-SAM-SOM Modell[1], um die Marktgröße einzuschätzen (B01, Absatz 16; B04, Absatz 16). B02 und B04 teilen dazu den Markt durch Vertriebskanäle, Geografie und Zielgruppen auf (B02, Absatz 22; B04, Absatz 26).

Zur Kategorie „Datengewinnung“ gehören verschiedene Ansätze wie Internetrecherche, Statistiken von Plattformen wie Statista, Zukauf von Listen, sowie der Einsatz von Benchmarks und gezielte Anfragen an Branchenverbände oder

[1] Total Addressable Market (TAM), Serviceable Addressable Market (SAM), Serviceable Obtainable Market (SOM).

Vereinigungen. Alle Experten greifen vorwiegend zur klassischen Internetrecherche. B02 kauft zusätzlich noch Listen von Branchenverbänden (B02, Absatz 20), während B03 und B04 den Vertrieb miteinbinden und Interviews mit Kunden führen (B03, Absatz 22; B04, Absatz 28). B05 bestellt auch Wettbewerbsprodukte, „um einfach ein Wertigkeitsverständnis davon zu bekommen und auch technische Lösungen abzuleiten" (B05, Absatz 18).

Ausarbeitung des Produktkonzepts durch Spezifikationen

Im Use Case „Ausarbeitung des Produktkonzepts durch Spezifikationen" wurden die Aussagen zu den aktuellen Vorgehensweisen in die drei Sub-Subkategorien Definition von Features, Priorisierung von Features und Kundenintegration geclustert.

Die Kategorie „Definition von Features" umfasst den iterativen Prozess der Feature-Entwicklung durch eine Mischung aus eigenem branchenspezifischem Wissen, Kundenperspektiven und Expertenvalidierung. B02 und B03 nutzen beispielsweise ihr Branchenwissen (B02, Absatz 28; B03, Absatz 32). Zusätzlich entwickeln B01 und B02 zusammen mit dem Kunden die Spezifikation in Design Thinking Workshops (B01, Absatz 27; B02, Absatz 28). Sowohl B02 als auch B05 holen sich darüber hinaus noch die Meinung von Experten ein, um einen ersten Entwurf zu entwickeln (B02, Absatz 28; B05, Absatz 26).

Die Kategorie „Priorisierung von Features" beinhaltet die Gewichtung der Spezifikationen durch Kunden und die Zusammenarbeit mit der Entwicklungsabteilung. B04 bindet hier die Zielgruppe aktiv mit ein, um die relevantesten Features zu identifizieren und zu gewichten (B04, Absatz 36). B02 nutzt Workshops, um mit Entwicklern über die Spezifikationen zu diskutieren (B02, Absatz 28).

In der Kategorie „Kundenintegration" erfolgt eine enge Zusammenarbeit mit Kunden, insbesondere durch verschiedene Methoden und Workshops, um deren Ideen und Bedürfnisse direkt in den Produktentwurf einzubeziehen und auf diese Weise eine kundenorientierte Produktentwicklung zu gewährleisten (B01, Absatz 27; B04, Absatz 38; B05, Absatz 26). B01 nutzt auch Vertriebsmitarbeiter, da diese den Kunden auch entsprechend repräsentieren können (B01, Absatz 27). Der Input des Kunden wird von Experten dann als Ausgangspunkt für weitere Entwicklungen genutzt (B02, Absatz 28; B05, Absatz 26).

Konzeptauswahl und -bewertung

Im Use Case „Konzeptauswahl und -bewertung" wurden die Aussagen zu den aktuellen Vorgehensweisen in die zwei Sub-Subkategorien Entscheidung und Priorisierung eingeteilt.

In der Kategorie „Entscheidung“ wird dargestellt, dass bei der Auswahl von Konzepten die Entscheidung durch Nutzwertanalysen, Kundenfeedback oder die Berücksichtigung von Wirtschaftlichkeit, Zeit und technischer Machbarkeit erfolgt. B03 nutzt die Nutzwertanalyse, um eine Entscheidung zu treffen, während B04 die Zielgruppe die Entscheidung treffen lässt (B03, Absatz 38; B04, Absatz 46). B05 hingegen entscheidet entweder auf Basis der Wirtschaftlichkeit, Zeit oder technischer Machbarkeit (B05, Absatz 32). B03 ist es wichtig eine faktenbasierte Entscheidung zu treffen (B03, Absatz 40).

In der Kategorie „Priorisierung“ wird dargestellt, dass bei der Priorisierung von Ideen und Konzepten Experten auf die Kriterien der Machbarkeit, Erwünschtheit und Monetarisierbarkeit zurückgreifen (B01, Absatz 33). Dieser Prozess umfasst nach B02 häufig iterative Schritte, bei denen kurzzyklisch vorgegangen wird, um schrittweise Fortschritte zu erzielen (B02, Absatz 32).

Die Ergebnisse zeigen die vielfältigen Ansatzpunkte zum Ausführen der Use Cases. Jeder Experte hat eigene Ansätze, wobei unternehmensübergreifend auch ähnliche Herangehensweisen festgestellt werden können.

4.2.2 Analyse der Herausforderungen und Probleme

Die Ergebnisse in diesem Kapitel beziehen sich auf aktuelle Herausforderungen und Probleme beim Ausführen der Aufgaben in den Use Cases. Die Interviewten wurden dazu befragt, welche Herausforderungen regelmäßig auftreten und welche Störfaktoren ihnen bei ihrer Arbeit begegnen. An dieser Stelle wurden die Ergebnisse in Sub-Subkategorien zu dem jeweiligen Use Case, der Hauptkategorie, gesammelt und geclustert. Zusätzlich wurde die Hauptkategorie „Allgemeine Herausforderungen“ für Aussagen geschaffen, die keinem Use Case direkt zugeordnet werden konnten.

Technische Machbarkeit

Im Use Case „Überprüfung der technischen Machbarkeit“ wurden die Aussagen zu den aktuellen Herausforderungen und Problemen den drei Sub-Subkategorien Ressourcen, Übersetzung und Unsicherheit zugeordnet.

Die Kategorie „Ressourcen“ umfasst Herausforderungen wie den Wunsch nach effizienten Tests mit minimalem Aufwand, den zeitlichen und finanziellen Aufwand, die Einbindung von Testpersonen und die begrenzte Kapazität von Ingenieuren. Die Experten (B02, Absatz 14; B05, Absatz 12) bewerten den Prozess als sehr aufwändig. In diesem Zusammenhang ist B01 wichtig, dass der Test der technischen Machbarkeit mit wenig Aufwand einhergehen muss (B01, Absatz

12). Dies sehen auch B04 und B05 als besonders wichtig an, da die Kapazität zu diesem Zeitpunkt der Entwicklung noch sehr begrenzt ist (B04, Absatz 12; B05, Absatz 12). Zusätzlich dazu empfindet B03 auch hohe Kosten bei der Erstellung von Prototypen als Hemmnis (B03, Absatz 14).

Die Kategorie „Übersetzung" beinhaltet die Herausforderung, ein Konzept, das in Worten festgehalten ist, in visuelle Darstellungen wie Skizzen oder Prototypen zu überführen. Hierbei spielen auch technische Aspekte und die Wahrheitsgetreue des Prototyps eine Rolle. Besonders für B02 ist die Übersetzung eine Herausforderung: „[…] dein Konzept, das vielleicht in Worten, in Bullets, in Post-its, irgendwie in Erkenntnis oder sonst wo niedergeschrieben ist, muss das erstmal übersetzen in, wenn wir jetzt bei dem Thema bleiben, der Visualisierung oder in der Skizze, also diese Übersetzung generell" (B02, Absatz 14). B03 sieht dabei gleichzeitig auch die Herausforderung den Prototypen möglichst wahrheitsgetreu zu entwickeln (B03, Absatz 14).

Die Kategorie „Unsicherheit" umfasst die Herausforderungen, die mit der Frühphase eines Projekts verbunden sind, in der viele Unsicherheiten bestehen. Je nach dem „Grad der Radikalität" sind wenig Informationen und Know-How vorhanden (B04, Absatz 10). Besonders die Experten B01 und B04 beschäftigt die Unsicherheit bei Innovationen, vor allem wenn sie radikaler werden: „Entsprechend möchte ich also bei technischen Überprüfungen immer sehr viele Informationen haben, was der Grundwissenschaft der Innovation widerspricht. Wenn du frühphasig unterwegs bist, hast du viele Unsicherheiten." (B01, Absatz 12).

Wirtschaftlichkeitsanalyse

Im Use Case „Durchführung einer Wirtschaftlichkeitsanalyse" wurden die Aussagen zu den aktuellen Herausforderungen und Problemen in die zwei Sub-Subkategorien Komplexität und Unsicherheit geclustert.

Die Kategorie „Komplexität" umfasst die Herausforderung, dass bereits in der Frühphase eines Projekts das Erstellen umfangreicher Business Cases als anspruchsvoll und zeitaufwändig wahrgenommen wird (B04, Absatz 18). B02 weist zusätzlich darauf hin, dass es wichtig ist, nicht nur auf einer abstrakten Ebene zu bleiben, sondern die Analyse herunterzubrechen und konkrete Zahlen zu verwenden (B02, Absatz 18). Dies ist besonders anspruchsvoll, wenn nicht auf Vergleichszahlen bestehender Produkte zurückgegriffen werden kann: „Unternehmen A hat zum Beispiel extrem viele geile Templates für so ein Business Case vom Produktmanagement, da kannst du alles auswählen, da musst du nur noch mal deinen Preispunkt auswählen und ja, ich will eine Handbrause rausbringen et cetera und dann wird dir so viel automatisch berechnet. Das Ding ist, ich kann die aber nicht nehmen, weil A mein Produkt vielleicht in einer anderen Branche ist, B andere Standards hat, diese Margen gelten gar nicht." (B04, Absatz 22).

Die Kategorie „Unsicherheit" umfasst die Herausforderungen, die mit der Unsicherheit bei der finanziellen Abschätzung in Business Cases verbunden sind, wobei betont wird, dass präzise Vorhersagen oft schwierig sind und es notwendig ist, auf Hypothesen, Erfahrungen von Kollegen und vergangene Projekte zurückzugreifen, insbesondere bei neuartigen Produkten oder Erkundungen in neuen Produktbereichen. Vier der fünf befragten Experten sehen die Unsicherheit als eine Herausforderung in diesem Use Case. Die Experten empfinden es schwer Zahlen wie Investition, Herstellkosten oder TAM, SAM und SOM abzuschätzen (B03, Absatz 16; B04, Absatz 18). B01 relativiert diese Aussage: „Das kannst du auf den letzten Euro ohnehin nicht abschätzen" (B01, Absatz 14). Daher müssen Annahmen getroffen werden, die wiederum Unsicherheit mit sich bringen (B03, Absatz 18).

Markt- und Wettbewerbsanalyse

Im Use Case „Markt- und Wettbewerbsanalyse" wurden die Aussagen zu den aktuellen Herausforderungen und Problemen in die vier Sub-Subkategorien Kapazität, Mangelndes Verständnis und Wissen, Unsicherheit und Datenbeschaffung eingeteilt.

Die Kategorie „Kapazität" umfasst Herausforderungen wie begrenzte Ressourcen, Zeit- und Personalmangel. Diese Herausforderung sehen besonders B01 (Absatz 20), B02 (Absatz 20) und B03 (Absatz 42). B01 weist hierzu auch darauf hin, dass sie über keine spezielle Back-End Abteilung oder dedizierte Analysten für diese Aufgaben verfügen und die eigenständige Recherche daher mit einem hohen Aufwand verbunden ist (B01, Absatz 20).

Die Herausforderungen in der Kategorie „Mangelndes Verständnis und Wissen" entstehen besonders bei Innovationsprojekten in neuen Märkten, wo Teams oft mit Schwierigkeiten konfrontiert sind, die sich aus fehlendem Verständnis für andere geografische Regionen und fehlendem Wissen über unterschiedliche Wettbewerber und innovative Lösungen ergeben können. Diese Herausforderung ergibt sich bei B01, auch wenn er im gleichen Markt bzw. Kundensegment unterwegs ist, da dort trotzdem teilweise unbekannte Wettbewerber am Markt teilnehmen (B01, Absatz 22). B05 weist des Weiteren darauf hin, dass inzwischen auch viele Startups die Märkte aufmischen und diese bei den klassischen Wettbewerbsanalysen der Hauptwettbewerber oftmals übersehen werden (B05, Absatz 18). Die geographischen Einschränkungen sind besonders für B04 ein Problem: „Wenn man jetzt aber was für China macht oder für die USA oder Afrika, dann kriegt man manchmal gar nicht den Content, weil man halt nicht dort physisch vor Ort ist." (B04, Absatz 32).

Die Kategorie „Unsicherheit" umfasst die Herausforderungen, dass durch wenig vorhandene Daten nur vage und unsichere Analysen durchgeführt werden können. Diese sehen besonders B01, B03 als ein Problem aufgrund der frühen Projektphase (B01, Absatz 20; B03, Absatz 26). B05 stellt hier auch dar, dass beispielsweise in der Sanitärbranche keine so frühen Abfragen gemacht werden können, wie etwa in der Automobilindustrie (B05, Absatz 24).

Die Herausforderungen in der Kategorie „Datenbeschaffung" betreffen sowohl den Zugang zu relevanten Informationen als auch die Schwierigkeiten, in den großen Märkten gezielte Daten für spezifische Nischen zu finden. Besonders für B01 liegt die Herausforderung im Detail, da man selten aussagekräftige Informationen findet, weil man oftmals in einem Nischenmarkt unterwegs ist (B01, Absatz 20). B05 nennt hierzu ein Beispiel aus der Sanitärbranche: „[...] zum Beispiel für uns ist immer wichtig, wie wird geduscht, wie wurde geduscht, also eher solche gesellschaftlichen Themen, wo [...] Marktdaten schwierig zu finden sind. So Expertenwissen aus Nischen heraus, wo spannend sind, als Input aufzunehmen, an sowas zu kommen ist wirklich sehr, sehr mühselig" (B05, Absatz 38). Zusätzlich werden Hürden wie veraltete oder kostenpflichtige Daten, sowie der zeitintensive Prozess der Datensammlung und -kumulierung angesprochen (B02, Absatz 24). Der Zugang zu validen Daten stellt dabei für fast alle Experten die größte Herausforderung dar.

Ausarbeitung des Produktkonzepts durch Spezifikationen

Im Use Case „Ausarbeitung des Produktkonzepts" wurden die Aussagen zu den aktuellen Herausforderungen und Probleme den drei Sub-Subkategorien Zusammenarbeit im Unternehmen, Kunden und Unsicherheit zugeordnet.

Die Herausforderung in der Kategorie „Zusammenarbeit im Unternehmen" besteht darin, Missverständnisse zu vermeiden und ein gemeinsames Verständnis zwischen Teams zu schaffen, insbesondere im Hinblick auf die Balance zwischen ausreichenden Spezifikationen für die Umsetzung und der Bewahrung der Kreativität und Flexibilität der technischen Experten, wobei „[...] es da auch ganz wichtig ist, dass man es gemeinsam durchgeht, dass das ein gemeinsames Verständnis da ist" (B03, Absatz 32). Dies sieht auch B05 als Herausforderung, da sich in langen Workshop mit der Entwicklungsabteilung oftmals zeigt, dass trotz Lastenheft kein gemeinsames Verständnis vorhanden ist (B05, Absatz 30). Für B03 ist hingegen die Herausforderung, dass sie den technischen Experten nicht die eigene Kreativität entziehen will (B03, Absatz 34).

Die Herausforderung in der Kategorie „Kunden" besteht darin, nicht nur die theoretischen Wünsche der Kunden zu verstehen, sondern auch ihre absolute Priorität, den finanziellen Wert und das notwendige Domänenwissen zu erfassen, um Entscheidungsprozesse effektiv zu gestalten. Hier sieht B01 genau die Herausforderung den „Sweet Spot" zwischen dem, was der Kunde bereit ist zu zahlen und der Machbarkeit (B01, Absatz 29). B02 sieht auch das Problem, dass der Kunde oftmals gar nicht weiß was er will, da ihm wichtige Informationen oder Ideen fehlen, die er selbst nicht berücksichtigt (B02, Absatz 30). B04 lässt hier den Kunden über die Spezifikationen seines Produktes entscheiden und steht dann oftmals vor dem Problem, dass sich die Kunden nicht entscheiden können (B04, Absatz 40).

Die Herausforderung in der Kategorie „Unsicherheit" besteht darin, innovative Ansätze zu verfolgen, ohne dabei vom eigentlichen Ziel abzuweichen, alles Wesentliche zu erfassen, und sicherzustellen, dass das Verständnis für den Kundennutzen sowie die korrekte Umsetzung von neuen Ideen gewährleistet sind: „Und wenn man vor allem auch etwas ganz Neues schafft, was jetzt außerhalb der aktuellen Produktbandbreite ist. Das kann einen auch ein bisschen auf den Holzweg führen" (B01, Absatz 27). Für B03 und B05 liegt die Unsicherheit auch in der Tatsache, ob alle Punkte erfasst wurden und ob das Produkt das Problem des Kunden folglich auch wirklich löst (B03, Absatz 34; B05, Absatz 30).

Konzeptauswahl und -bewertung

Im Use Case „Konzeptauswahl und -bewertung" wurden die Aussagen zu den aktuellen Herausforderungen und Problemen in die zwei Sub-Subkategorien Ressourcen und Ergebnis geclustert.

Die Herausforderungen in der Kategorie „Ressourcen" liegen in der Abwägung und Priorisierung von Projekten aufgrund begrenzter Kapazitäten, was besonders in Unternehmen mit mehreren Projekten eine komplexe Entscheidung darstellt. So stellt es für B04 beispielsweise eine erhebliche Mehrbelastung dar, zwei Konzepte gleichzeitig zu verfolgen (B04, Absatz 46). Auch B05 sieht es aus Unternehmensressourcensicht kritisch (B05, Absatz 36).

Die Herausforderungen in der Kategorie „Ergebnis" umfassen die Balance zwischen konkreten Konzepten und der Vermeidung von Abstraktion, die Unsicherheit bezüglich der Verbesserung durch Iterationen, die Abwägung der Dauer der Verfolgung mehrerer Konzepte und den Zeitpunkt der endgültigen Entscheidung, um sicherzustellen, dass das richtige Konzept gewählt wird. So fällt es B03 schwer den richtigen Zeitpunkt der Entscheidung zu finden und sich mit der Entscheidung auch sicher zu sein (B03, Absatz 40). B03 fügt hierzu an: „Worst Case wäre, wenn ich mich zum späten Zeitpunkt noch für das falsche Konzept entscheide“ (B03, Absatz 40). Die Konkretheit der Konzepte stellt besonders für B01 eine Herausforderung dar (B01, Absatz 37). B02 hält in diesem Zusammenhang kürzere Entscheidungszyklen für nicht sinnvoll: „nur weil du was iterierst, ist es danach nicht unbedingt besser“ (B02, Absatz 34).

Allgemeine Herausforderungen
Die Herausforderungen in der Kategorie „Allgemeine Herausforderungen“ umfassen Kapazitäts- und Ressourcenbedarf und den Umgang mit Unsicherheit. So sieht B01 die Thematik rund um Ressourcen als generelles Thema in der Konzepterstellung (B01, Absatz 37). Für B03 ist es wichtig dennoch viel Zeit in die Konzepterstellung zu investieren, um das Risiko zu scheitern zu verringern (B03, Absatz 40). B04 hebt übergreifend die Unsicherheit nochmal hervor und stellt diese als Problematik dar, mit der im Innovationsmanagement umgegangen werden muss (B04, Absatz 44).

Die Interviews zeigen, dass die Herausforderungen in den Use Cases sehr vielfältig sind. Besonders Unsicherheiten und Daten sind Themen, die die Experten beschäftigen. Die Ergebnisse der ersten Befragungsrunde aus Abschnitt 4.2.1 und 4.2.2 stellen die Grundlage für die Interviews der zweiten Befragungsrunde dar.

4.3 Bewertung des Einsatzes von KI

Das folgende Kapitel stellt die Ergebnisse des Leitfadeninterviews mit KI-Experten vor, welche für die Beantwortung der zweiten Forschungsfrage relevant sind. Die Ergebnisse in diesem Kapitel beziehen darauf, ob und wie der Einsatz von KI in den Use Cases sinnvoll ist. Die Interviewten wurden dazu befragt, ob nach ihrer Einschätzung KI dort sinnvoll eingesetzt werden kann und wie dieser Einsatz konkret aussehen kann. Durch gezielte Nachfragen konnten so Erkenntnisse über das Einsatzpotenzial nach Einschätzung der Experten gewonnen werden.

Das Kategoriensystem dieser Interviewrunde gliedert sich in acht Hauptkategorien und 30 Subkategorien (siehe Abschnitt 3.3). Fünf der acht Hauptkategorien beziehen sich auf die Use Cases, während die anderen Hauptkategorien spezieller auf Herausforderungen und Anforderungen für einen KI-Einsatz ausgerichtet sind. Die transkribierten Interviews können im Anhang D im elektronischen Zusatzmaterial nachgelesen werden. Ebenfalls befinden sich im Anhang B.2 die Kategoriensysteme in Form des Codierleitfadens für die zweite Befragungsrunde. Die befragten Personen werden im Nachfolgenden als B06, B07, B08, etc. aufgeführt.

Technische Machbarkeit

Im Use Case „Technische Machbarkeit“ wurden die Aussagen zum Einsatzpotenzial von KI in die fünf Subkategorien Eignung von KI, Art der KI, Daten, Eigenentwicklung und Abstraktionslevel geclustert.

Die Kategorie „Eignung der KI“ befasst sich damit, ob der Einsatz von KI in diesem Use Case sinnvoll ist oder nicht. Alle der befragten Experten sehen den Einsatz von KI in der Überprüfung der technischen Machbarkeit als sinnvoll an. Es wird zusätzlich die unterstützende Rolle von KI bei der Prototypenerstellung und der Beschleunigung von Design- und Entwicklungsprozessen betont (B09, Absatz 10; B12, Absatz 14). Die KI wird als hilfreich für die schnelle Validierung von Ideen und die effiziente Umsetzung von Entwürfen angesehen (B06, Absatz 10; B07, Absatz 8). B11 sieht hier auch den großen Mehrwert, dass man keine Experten mehr für die Entwicklung eines Prototyps benötigt, sondern in natürlicher Sprache einen Prototyp entwickeln kann (B11, Absatz 8).

Die Kategorie „Art von KI“ befasst sich damit, welche Art von KI bei der Darstellung von Konzepten im Rahmen der technischen Machbarkeit eingesetzt werden soll. Die Experten sehen hier die Verwendung von generativer KI, vor allem bei der Erstellung von Bildern (B06, Absatz 12; B08, Absatz 8). Insbesondere für technisch weniger versierte Anwender ist generative KI am besten geeignet, um sie in allgemeinen Anwendungsfällen im Innovationsmanagement zu nutzen (B11, Absatz 8).

In der Kategorie „Daten“ wird betont, dass das Verständnis und die Kenntnis der Datengrundlage entscheidend sind (B09, Absatz 12). B09 merkt hierzu an, dass ein Bias in den Daten entsprechende Auswirkungen auf die Ergebnisse der KI hat (B09, Absatz 12). Damit der Prototyp auf das Produkt und den Kunden zugeschnitten werden kann, ist es laut B06 und B12 wichtig eigene interne Daten für den Prototyp miteinzubinden (B06, Absatz 16; B12, Absatz 16). Hierzu sind entsprechend große Datenmengen nötig, um gute Ergebnisse zu erzielen (B10, Absatz 18).

Die Kategorie „Eigenentwicklung“ befasst sich damit, ob eine Eigenentwicklung eines KI-Modells in diesem Use Case Sinn macht. Die Entscheidung für eine Eigenentwicklung ist abhängig vom konkreten Anwendungsfall, wobei der zeitliche Aufwand und die Datenbasis eine zentrale Rolle spielen. So sieht B08 den Vorteil bei bestehenden Modellen, dass schon große Mengen an Daten hinterlegt sind (B08, Absatz 10). B09 merkt an, dass der Aufwand, Bilder für eine einfache Skizze zu generieren sehr hoch ist und das in keinem Verhältnis zum Aufwand steht (B09, Absatz 12).

Die Kategorie „Abstraktionslevel“ befasst sich damit, wie KI dazu beitragen kann, komplexe Themen auf unterschiedlichen Abstraktionsniveaus verständlich zu machen. Nach B06 schafft KI es so näher an das tatsächliche „Look-and-Feel“ des Produkts zu kommen (B06, Absatz 10). Auch B11 nutzt es selbst, um komplexe Themen visuell anschaulich darzustellen: „Wir erzählen immer mal wieder von einem Data Warehouse und erzählen, wie so ein Data Warehouse funktioniert. Und dann habe ich gedacht, Ach komm ich gucke mal, was ChatGPT jetzt von Open AI dazu sagt, anhand von welchem Beispiel man das gut erklären könnte und dann kam es von selbst auf das Thema, kann man sich vorstellen wie eine Bibliothek und dann sind deine Daten sortiert wie halt in der Bibliothek nach verschiedenen Genres und so weiter. Das fande ich dann nicht schlecht, weil dieser Transfer kam ja dann an dieser Stelle. Also zumindest zu visualisieren, um es besser rüberzubringen, würde ich sagen, gibt es durchaus gewisse Unterstützung.“ (B11, Absatz 16).

Wirtschaftlichkeitsanalyse

Im Use Case „Wirtschaftlichkeitsanalyse“ wurden die Aussagen zum Einsatzpotenzial von KI den sechs Subkategorien Eignung von KI, Art der KI, Daten, Eigenentwicklung und Erfolgsmaßstäbe und Hybrider Ansatz zugeordnet.

Die Kategorie „Eignung von KI“ befasst sich damit, ob der Einsatz von KI in diesem Use Case sinnvoll ist oder nicht. Vier von sieben befragten Experten sehen hier ein Einsatzpotenzial durch KI. B06 kann sich einen Einsatz für Trendanalysen vorstellen, um verschiedene Szenarien aufzustellen und mit Daten aus dem Internet zu vergleichen (B06, Absatz 18). Während B09 hier die Stärken der KI sieht, nämlich Daten zu sammeln und zu analysieren (B09, Absatz 16), sehen B10, B11 und B12 den Einsatz als nicht nötig an. B10 und B12 begründen dies damit, dass Programme wie Excel diese Kalkulationen durchführen können (B10, Absatz 22; B12, Absatz 50). B11 begründet dies damit, dass eine Wirtschaftlichkeitsanalyse auf Annahmen basiert und daher KI nicht nötig ist (B11, Absatz 32).

Die Kategorie „Art der KI“ befasst sich damit, welche Art von KI bei der Durchführung einer Wirtschaftlichkeitsanalyse eingesetzt werden sollte. Die Experten B06 und B08 sehen, als Befürworter für einen KI-Einsatz, eine prädiktive KI als sinnvoll an. Sie weisen darauf hin, dass generative KI für die Simulation von Szenarien und Marktanalysen verwendet werden kann (B06, Absatz 26, B08, Absatz 14). Zwar sehen B08 und B11 hier kein Einsatzgebiet von KI (B08, Absatz 14; B11, Absatz 32), B06 könnte sich jedoch einen kombinierten Ansatz vorstellen, bei dem die generative KI, die Ergebnisse der prädiktiven KI entsprechend aufbereitet (B06, Absatz 26)

Die Kategorie „Daten“ befasst sich damit, dass die Qualität und Validität von Daten entscheidend für die Genauigkeit von KI-Modellen sind: „Das heißt ein

Keyfaktor meiner Meinung nach wird sein, wie komme ich zu diesen Daten. In der nötigen Qualität und in der nötigen Menge.“ (B08, Absatz 14). Nach B09 muss eine große Menge an strukturierten Daten vorhanden sein für die Analyse (B09, Absatz 34). Für diese werden dann Marktdaten mit eigenen Annahmen und weitere Kernmetriken wie Herstellkosten benötigt (B06, Absatz 30).

Die Kategorie „Eigenentwicklung“ befasst sich damit, ob eine Eigenentwicklung eines KI-Modells in diesem Use Case Sinn macht. Nach B06 kann die Analyse in einer ersten Stufe mit bestehenden Modellen wie ChatGPT erfolgen (B06, Absatz 20). Die Experten sind jedoch der Meinung, dass bei einer häufigeren Nutzung ein eigenes Modell entwickelt werden sollte, da zum einen eigene Annahmen berücksichtigt werden können und zum anderen auf diesem Weg keine kritischen internen Daten in öffentliche Modelle gelangen (B09, Absatz 20; B07, Absatz 34).

In der Kategorie „Erfolgsmaßstäbe“ wird die Beurteilung des Erfolgs von KI-Anwendungen zusammengefasst. B06, B09 und B12 sehen als einen offensichtlichen Maßstab die rückblickende Bewertung der Ergebnisse (B09, Absatz 32; B06, Absatz 32; B12, Absatz 58). Zusätzlich können in klassischen Supervised Learning Ansätzen auch entsprechende „Scores“ ausgegeben werden, um die Genauigkeit des Modells zu bewerten (B09, Absatz 32; B08, Absatz 22). B06 sieht dadurch jedoch keinen Vorteil der KI: „Und unabhängig davon, ob das jetzt eine KI oder irgendein Experte macht, sozusagen. Ich habe in beiden Fällen die Genauigkeit nicht vorhersehbar von so einem Modell. Insofern würde ich sagen, ist der größte Benefit oder der größte Gradmesser auch, den man hat, bevor man die Genauigkeit kennt, vielleicht einfach auch dieses Zeitthema.“ (B06, Absatz 32).

Die Kategorie „Hybrider Ansatz“ befasst sich damit, dass bei der Entscheidungsfindung ein hybrider Ansatz bevorzugt wird, bei dem die KI als unterstützendes Werkzeug verwendet wird, um Trends zu analysieren und Szenarien zu erstellen. Die Experten sehen ein volles Vertrauen kritisch: „Wobei, da muss man vorsichtig sein, ob man dann die KI schätzen lässt. Es kann gut funktionieren, also man kann da Zeit sparen, aber man muss es danach dann noch mal verifizieren.“ (B12, Absatz 50). Auch B08 ist der Meinung das die Ergebnisse nochmals von Experten überprüft werden sollten (B08, Absatz 22).

Markt- und Wettbewerbsanalyse

Im Use Case „Markt- und Wettbewerbsanalyse“ wurden die Aussagen zum Einsatzpotenzial von KI in die sieben Subkategorien Eignung von KI, Art der KI, Daten, Eigenentwicklung, Erfolgsmaßstäbe, hybrider Ansatz und Bezahlschranken eingeteilt.

Die Kategorie „Eignung von KI“ befasst sich damit, ob der Einsatz von KI in diesem Use Case sinnvoll ist oder nicht. Alle Experten sehen den Einsatz von KI für die Markt- und Wettbewerberanalyse als sinnvoll an. So sieht B09 auch hier die Stärke große Datenmengen zu verarbeiten und Muster darin zu erkennen (B09, Absatz 24). Auch B06 und B11 sehen in diesem Use Case die Tendenz, dass Anwender nicht mehr selbst das Internet durchsuchen, sondern KI das Wissen aus dem Internet zieht (B06, Absatz 34; B11, Absatz 28).

Die Kategorie „Art von KI“ befasst sich damit, welche Art von KI bei der Durchführung einer Markt- und Wettbewerbsanalyse eingesetzt werden sollte. Die Experten sprechen sich hier für den Einsatz generativer KI aus. Dabei helfen Anwendungen wie Microsoft Bing Copilot und ChatGPT sowie darauf basierende Tools einen Zugang zu Informationen auf einer einfachen Ebene, ohne dass technisches Fachwissen erforderlich ist, zu gewährleisten (B06, Absatz 38; B07, Absatz 42). Modelle wie Microsofts Copilot haben Zugriff auf Daten im Internet und können so aktuelle Ergebnisse liefern (B10, Absatz 28; B12, Absatz 38).

Die Kategorie „Daten“ behandelt die Verwendung von Daten in KI-Anwendungen. B10 merkt hierzu an, dass darauf geachtet werden muss mit welchen Daten die KI trainiert wurde, um dies bei der Aktualität der Daten zu berücksichtigen (B10, Absatz 26). Außerdem ist es laut B11 wichtig, dass die KI Quellenangaben liefert, um eine Nachvollziehbarkeit zu gewährleisten (B11, Absatz 20). Wird keine KI mit Internetzugang verwendet und das Modell selbst erstellt, müssen die meist unstrukturierten Daten immer aktuell sein. Hierzu macht es nach B12 Sinn einen eigenen Datenpool anzulegen (B12, Absatz 28; B12, Absatz 40).

Die Kategorie „Eigenentwicklung“ befasst sich damit, ob eine Eigenentwicklung eines KI-Modells in diesem Use Case Sinn macht. Nach B11 macht es für mittelständische Unternehmen am meisten Sinn mit großen Modellanbietern Verträge abzuschließen, anstatt selbst ein Modell zu bauen (B11, Absatz 24). Der Aufwand für eine Eigenentwicklung wären laut B08 und B12 unverhältnismäßig hoch (B08, Absatz 30; B12, Absatz 34).

Die Kategorie „Erfolgsmaßstäbe“ befasst sich damit, welche Parameter definiert werden können, um den Erfolg einer KI festzustellen. B09 nennt den F1-Score[2] als einen Erfolgsmaßstab (B09, Absatz 30). Der Experte, wie auch

---

[2] Der F1-Score ist ein Maß für die Güte der Ergebnisse einer Klassifikation, das sowohl die Präzision als auch die Sensitivität berücksichtigt, indem es das Mittel aus beiden Maßen bildet. Ein F1-Score von 1 bedeutet eine perfekte Balance zwischen Präzision und Sensitivität, während niedrigere Werte darauf hinweisen, dass entweder die Präzision oder die Sensitivität der Klassifikation beeinträchtigt ist (Warschat et al. 2021, 90).

B10, merkt an, dass es oft kein objektives Richtig gibt und so die Aussage immer erst retrospektiv bewertet werden kann (B09, Absatz 30; B10, Absatz 36).

Die Kategorie „Hybrider Ansatz" befasst sich mit der kombinierten Nutzung von KI und menschlichem Fachwissen, um Analysen und Recherchen durchzuführen. B06 und B08 sehen die Fähigkeiten der KI noch als begrenzt an, daher ist für sie die Suche mit KI ein Ausgangspunkt für manuelle, tiefergehende Recherchen (B06, Absatz 12; B08, Absatz 24). B07 warnt jedoch, dass der Aufwand die Ergebnisse der KI zu kontrollieren zu hoch sein kann: „Es kann sein, dass das viel mehr Arbeit ergibt im Endeffekt, als wenn man das selber recherchiert hat." (B07, Absatz 68).

Die Kategorie „Bezahlschranken" befasst sich damit, in welcher Weise KI Bezahlschranken begegnet. Die Experten sind sich hier einig, dass auch eine KI diese nicht umgehen kann (B09, Absatz 26; B08, Absatz 24). B06 gibt dazu eine konkretere Einschätzung: „Können mit Sicherheit [...] Das ist natürlich, dann nicht rechtens und wird mit Sicherheit gerade aktuell in den Standardmodellen bestimmt nicht berücksichtigt." (B06, Absatz 36).

Ausarbeitung des Produktkonzepts durch Spezifikationen

Im Use Case „Ausarbeitung des Produktkonzepts durch Spezifikationen" wurden die Aussagen zum Einsatzpotenzial von KI in die fünf Subkategorien Eignung von KI, Art der KI, Daten, Eigenentwicklung und Übersetzung geclustert.

Die Kategorie „Eignung von KI" befasst sich damit, ob der Einsatz von KI in diesem Use Case sinnvoll ist oder nicht. Dabei herrscht Uneinigkeit darüber, ob KI dazu in der Lage ist, denn vier von sieben Experten können sich einen KI-Einsatz vorstellen. So sehen B11 und B12 ein klares Einsatzpotenzial von KI (B11, Absatz 38; B12, Absatz 18), während B06 und B09 den Einsatz eher kritisch sehen. B09 argumentiert, dass generative KI die Ergebnisse immer nach demselben Muster generiert (B09, Absatz 34). B06 hat bedenken, dass die KI nicht den echten Wunsch des Kunden versteht: „die Vorstellung, die ein Kunde hat, über die Lösung von dem Problem und das als Featurewunsch formuliert, ganz oft nicht das ist, was eigentlich zur Lösung des Problems überhaupt beiträgt. Das ist, sage ich mal [...] Ja, ich denk für meine Empfinden schwierig, für eine KI das nachzuvollziehen und die verschiedenen Ausprägungen davon zu beleuchten." (B06, Absatz 46). B08 hat diese Bedenken auch und schlägt daher vor, der KI bereits eine große Auswahl an Produktspezifikationen zu liefern, aus der diese dann die besten auswählen soll (B08, Absatz 34).

Die Kategorie „Art der KI" befasst sich damit, welche Art von KI bei der Ausarbeitung von Spezifikationen für das Produktkonzept eingesetzt werden sollte. Nach B06 und B09 ist dieser Use Case das optimale Einsatzgebiet für generative

KI, insbesondere für Decoder Modelle, da diese für kreative Aufgaben sehr gut geeignet sind (B09, Absatz 34; B12, Absatz 18).

Die Kategorie „Daten“ umfasst die Bedeutung der Kontextualisierung von Daten für eine präzisere und relevantere Nutzung von KI-Modellen, um die Leistungsfähigkeit und Qualität der KI-Anwendungen zu verbessern. So empfiehlt B12 immer Kontextdaten wie die Kundenbedürfnisse der KI im Prompt mitzugeben (B12, Absatz 20).

Die Kategorie „Eigenentwicklung“ befasst sich damit, ob eine Eigenentwicklung eines KI-Modells in diesem Use Case Sinn macht. B11 sieht den Aufwand für ein mittelständisches Unternehmen als zu hoch, kann sich aber vorstellen, dass Anbieter von Software ein „KI Interface“ anbieten (B11, Absatz 38). B12 hat ein solches KI-Modell bereits selbst auf Basis von ChatGPT entwickelt (B12, Absatz 22–24), daher ist er der Überzeugung, dass eine kleinere Firma das nicht leisten kann (B12, Absatz 26).

Die Kategorie „Übersetzung“ umfasst die Herausforderung, eine Verbindung zwischen den Bedürfnissen und Ideen des Kunden und der Umsetzung in konkrete Funktionen herzustellen. B09 sieht die Fähigkeiten der KI als nicht ausreichend an (B09, Absatz 34). Der Experte äußert außerdem Bedenken, wie die Aussagen des Kunden von der KI bewertet werden (B09, Absatz 40). Auch B07 sieht die Fähigkeiten kritisch und ist der Überzeugung, dass in einem Design Thinking Workshop mit dem Kunde bessere Ergebnisse erzielt werden würden (B07, Absatz 60).

Konzeptauswahl und -bewertung

Im Use Case „Konzeptauswahl und -bewertung“ wurden die Aussagen zum Einsatzpotenzial von KI den fünf Subkategorien Eignung von KI, Art der KI, Daten, Eigenentwicklung, Ethischer Bias, Entscheidungsunterstützung und Kundenaussagen zugeordnet.

Die Kategorie „Eignung von KI“ befasst sich damit, ob der Einsatz von KI in diesem Use Case sinnvoll ist oder nicht. Hier sehen sechs von sieben Experten den Einsatz als sinnvoll an. B11 beschreibt, wie KI Daten aus den vorherigen Use Cases sammelt, die dann vom Benutzer verwendet werden können, um die verschiedenen Konzepte zu bewerten und eine Entscheidung zu treffen (B11, Absatz 40). B09 sieht einen KI-Einsatz sogar als nötig an, da zwischen den Use Cases komplexe Zusammenhänge bestehen können, die mit einem Algorithmus am besten gelöst werden können: „Wenn du ihr halt so solche Daten gibst, wie Produkt X hat diese Schwäche beispielsweise und dann den Zusammenhang herzustellen mit, wie wirkt sich das dann später eben auf diesen Markterfolg aus.

Das ist dann recht komplex, da brauchst du auf jeden Fall dann fast einen eigenen Algorithmus, der das dann auswerten kann.“ (B09, Absatz 44). Nur B07 ist der Überzeugung, dass der Mensch die Entscheidung besser treffen kann (B07, Absatz 62). B10 meint zwar, dass KI bei der Entscheidung unterstützen kann, aber es in den meisten Fällen nicht nötig ist, da man sich meist für das Produkt mit der höchsten Marge entscheidet (B10, Absatz 52).

Die Kategorie „Art der KI“ befasst sich damit, welche Art von KI bei der Konzeptauswahl und -bewertung eingesetzt werden sollte. B06 meint, dass dieser Use Case in einem frühen Stadium von generativer KI wie ChatGPT gelöst werden kann (B06, Absatz 52). Auch B12 sieht hier einen Einsatz generativer KI, speziell einem Encoder Modell, da faktensichere Daten hinterlegt werden müssen (B12, Absatz 64). B11 und B12 schlagen daher auch hier den Ansatz vor, an ein bestehendes Large Language Model eigene Daten anzuhängen, da die KI so an spezielle Informationen gelangt und in diesem Fall keine Fakten generieren, sondern nur aufbereiten soll (B11, Absatz 44; B12, Absatz 64).

Die Kategorie „Daten“ behandelt die Bedeutung von Daten für KI-Anwendungen und die Herausforderungen bei deren Nutzung. B09 erkennt, dass es sich hauptsächlich um qualitative Daten handeln sollte (B09, Absatz 44). B06 und B09 meinen, dass die Erfahrungskomponente eines Menschen nicht zum Training gegeben werden kann (B06, Absatz 50; B09, Absatz 44).

Die Kategorie „Eigenentwicklung“ befasst sich damit, ob eine Eigenentwicklung eines KI-Modells in diesem Use Case sinnvoll ist. B06 ist hier ein großer Befürworter einer Eigenentwicklung, da zum einen die eigenen Daten geschützt werden sollen und zum anderen die Eingabeparameter des Modells leichter geändert werden können (B06, Absatz 56).

Die Kategorie „Ethischer Bias“ umfasst Aussagen, die sich darauf konzentrieren, wie KI-Systeme möglicherweise an ihre Grenzen stoßen, insbesondere wenn es um die Berücksichtigung ethischer und sozialer Aspekte geht. So nennt B06 dazu ein Beispiel: „Also wenn wir jetzt zum Beispiel zwei Produkte vergleichen, wir verkaufen T-Shirts. Die einen T-Shirts werden in Deutschland produziert und die anderen in Taiwan von irgendwelchen Kindern genäht. Dann kann es schon sein, dass in alles, was Business Case angeht oder auch Umfragen, da sagen die Kunden, ja klar die T-Shirts aus Bangladesch, oder? Die haben eine viel bessere Qualität, die wissen ja nicht, wo es herkommt. Dann ist aber eben diese soziale Komponente noch dabei. Zu sagen, Na ja, also OK, wir wollen eigentlich nicht die Kinderarbeit fördern. Das sind, glaube ich, Themen, wo die KI an ihre Grenzen stößt.“ (B06, Absatz 48).

Die Kategorie „Entscheidungsunterstützung“ befasst sich mit der Nutzung von KI zur Entscheidungsunterstützung, wobei betont wird, dass KI starke

Unterstützung bietet, aber menschliche Fähigkeiten wie Kontextverständnis und Plausibilitätsprüfung weiterhin wichtig sind. Dies ist laut B09 nötig, da die KI noch Schwierigkeiten hat Kontexte zu verstehen (B09, Absatz 44). Daher meinen B06 und B09, dass die Entscheidung nicht durch die KI getroffen werden sollte, sondern durch den Menschen (B06, Absatz 48; B09, Absatz 46). B08 empfiehlt immer den Anwender miteinzubinden, um diesem nicht das Gefühl zu geben ersetzt zu werden (B08, Absatz 40). Er ist aber auch der Überzeugung, dass KI eine bessere Entscheidung treffen kann, da der Mensch bei einer hohen Zahl an Optionen emotional entscheidet (B08, Absatz 38).

Die Kategorie „Kundenaussagen" betrachtet die Integration von Kundenfeedback in KI-Modelle zur Bewertung von Produkten. B09 meint hierzu, dass die Kundenaussagen zunächst quantifiziert werden müssen und zusammen mit den Einschätzungen des Anwenders der KI geliefert werden müssen. Ist dies geschehen, können die Aussagen des Kunden gut von KI verarbeitet werden (B09, Absatz 40).

Radikalität der Innovationen

Die Hauptkategorie „Radikalität der Innovationen" umfasst unterschiedliche Meinungen darüber, ob KI in der Lage ist, radikale Innovationen durch die kreative Kombination von bekannten Elementen zu schaffen oder ob ihre Fähigkeiten eher auf der Nutzung bereits vorhandener Informationen beruhen. B10 und B12 sind hier der Meinung, dass die Innovationen die von Menschen geschaffen wurden auf bestehendem Wissen beruhen und daher die KI dies genau so kann (B10, Absatz 62; B12, Absatz 60). B12 ist sogar der Überzeugung, dass die KI besser ist als der Mensch: „Also die KI generiert ja schon eher bekannte Dinge, die irgendwo im Trainingsdatensatz drin sind, was aber spannend ist und was ich auch eigentlich immer hervorhebe, ist, dass die KI verschiedene Konzepte kombinieren und was wirklich Neues schaffen kann, weil sie einfach wie der Mensch auch kreativ denken kann. Und ich bin eigentlich der Meinung, sogar noch besser als der Mensch [.] verschiedene Optionen vergleichen kann." (B12, Absatz 60). B11 glaubt nicht daran, dass KI etwas radikal Neues erschaffen kann, fügt jedoch an, dass eine Innovation immer von der eigenen Sichtweise und Definition abhängig ist (B11, Absatz 48). B09 sieht die Fähigkeiten der KI auch kritisch. Er merkt an, dass die Ergebnisse meist sehr generalisiert sind und immer die gleichen Muster haben und daher seiner Meinung nach keine innovativen Produkte entwickelt werden können (B09, Absatz 10; B09, Absatz 34).

Technische Anforderungen

Die Hauptkategorie „Technische Anforderungen“ umfasst Aussagen zu den Anforderungen für eine Implementierung von KI für kleinere Unternehmen. Zum einen spielen Daten eine Hauptrolle. B09 gibt an, dass zunächst Datenbanken aufgebaut werden und große Mengen an Daten gesammelt werden müssen, ehe diese dann noch aufbereitet werden müssen (B09, Absatz 50). Hierzu muss laut B06 explizit auch auf die Datensicherheit geachtet werden.

Abhängig vom Grad der Implementierung ist ein großes Knowhow nötig. Dies sind insbesondere Experten mit viel IT- und Cloud-Wissen, welche mit den entsprechenden Ressourcen nur in großen Unternehmen vorhanden sind. Alternativ gibt es hierfür laut B11 externe Beratungen für die Implementierung (B11, Absatz 24).

Ebenfalls abhängig vom Grad der Implementierung ist die benötigte Infrastruktur. Für den komplett selbstständigen Aufbau eines KI-Modells werden große Serverkapazitäten in Form von GPU-Servern benötigt, um ein performantes Modell zu haben. Diese sind aber sehr kostspielig (B09, Absatz 50; B06, Absatz 44). B08 schlägt daher vor, auf bestehende Modelle von großen Modellanbietern wie Microsoft oder Google zu setzen (B08, Absatz 32). Für diese wird keine Hardware benötigt und die Systeme können skaliert und individualisiert werden (B09, Absatz 50; B08, Absatz 32).

Unsicherheit & Aufwand

Die Hauptkategorie „Unsicherheit & Aufwand“ umfasst Einschätzungen zum Umgang mit Unsicherheit von KI und dem Aufwand einer generellen Implementierung. In Bezug auf Unsicherheit spielt KI eine ambivalente Rolle, da sie B09 zufolge durch Daten zwar einerseits Unsicherheiten minimiert, aber andererseits auch als Blackbox in neuronalen Netzen Unsicherheiten schafft (B09, Absatz 46; B09, Absatz 50). Auch B11 glaubt, dass KI mehr Unsicherheit schafft aufgrund von fehlerhaften Informationen in den Modellen (B11, Absatz 50). B10 merkt hierzu auch an: „Wenn du einen Markt hast, wo nicht viele Informationen verfügbar sind, macht es die KI nicht besser weil die mit wenig Informationen auch nicht viel lernen kann.“ (B10, Absatz 38). B12 ist der Überzeugung, dass die KI dadurch Unsicherheiten reduziert, indem sie die Annahmen des Anwenders valideren kann (B12, Absatz 62).

Im Bereich des Aufwands kann KI dazu beitragen, den Informationsbeschaffungsprozess zu optimieren, Effizienz zu steigern und Aufgaben schneller zu erledigen (B06, Absatz 58). B12 sieht auch ein großes Potenzial, relativiert aber: „Also es ist ja immer eine Kosten-Nutzen Frage, wo man KI einsetzt. Grundsätzlich kann man es überall einsetzen.“ (B12, Absatz 68). B09 appelliert aber daran, die Grenzen von KI zu akzeptieren, da die Erwartungen der Gesellschaft sehr hoch sind (B09, Absatz 54). Auch B08 empfindet es als wichtig, Akzeptanz beim Anwender zu schaffen (B08, Absatz 34).

Use Case übergreifend zeigt sich, dass die Interviewpartner ein hohes Einsatzpotenzial von KI sehen. Zwar zeigen sich die Experten bei der Wirtschaftlichkeitsanalyse und der Ausarbeitung des Produktkonzepts uneinig, dennoch geben sie einen Einblick wie KI in verschiedenen Bereichen gezielt eingesetzt werden kann. Neben einer homogenen Datenbasis spielt die generative KI eine wichtige Rolle, da in dieser für die meisten Use Cases ein hohes Nutzungspotenzial gesehen wird.

4.4 Konzeption des Leitfadens

Die in Abschnitt 4.2 und 4.3 dargelegten Ergebnisse der Interviews sollen in diesem Kapitel interpretiert und angewendet werden. Hierzu werden in Abschnitt 4.4.1 zunächst Lösungsansätze für die Herausforderungen und Probleme der Anwender entwickelt. In Abschnitt 4.4.2 wird das Artefakt, der Leitfaden, konzipiert und vorgestellt.

4.4.1 Lösung der Herausforderungen und Probleme

Die in Abschnitt 4.2.2 beschriebenen Herausforderungen und Probleme beschäftigen die Anwender in ihrer täglichen Arbeit. Damit KI in den Use Cases einen sinnvollen Einsatzzweck hat, sollte sie in der Lage sein, diese Probleme zu lösen oder bei der Lösung signifikante Unterstützung leisten. Die folgende Auswertung soll dazu beitragen, die Sinnhaftigkeit eines KI-Einsatzes zu überprüfen und so zur Beantwortung der zweiten Forschungsfrage beizutragen. Hierzu wurden die Aussagen der KI-Experten auf die angesprochenen Probleme projiziert, um anhand der Aussagen zu überprüfen, ob KI diese lösen kann. Tabelle 4.2 zeigt eine Übersicht je Use Case. Die dort zugeordneten Probleme ergeben sich aus den Sub-Subkategorien der Analyse der ersten Befragungsrunde (Siehe Anhang B.1 im elektronischen Zusatzmaterial). Da sich die Herausforderungen „Ressourcen" und „Unsicherheit" in mehreren Use Cases wiederfinden, wurden diese für die Auswertung jeweils zusammengefasst und als eigene Kategorie dargestellt. Die Herausforderung „Kapazität" wurde aufgrund der inhaltlichen Nähe ebenfalls unter „Ressourcen" zusammengefasst.

Tabelle 4.2 Übersicht der Probleme je Use Case

Use Case bzw. Kategorie	Probleme
Technische Machbarkeit	*Übersetzung* des in Worten gehaltenen Konzepts in grafische Darstellungen
Wirtschaftlichkeitsanalyse	Hohe *Komplexität* durch den Versuch konkrete Zahlen zu verwenden
Markt- und Wettbewerbsanalyse	*Mangelndes Verständnis und Wissen* von neuen Märkten und schwierige *Datenbeschaffung*
Ausarbeitung des Produktkonzepts	Herausfordernde *Zusammenarbeit im Unternehmen* mit anderen Teams, Richtiges Verständnis des *Kunden*
Konzeptauswahl und -bewertung	Die richtige Entscheidung treffen, um das perfekte *Ergebnis* zu erhalten
Ressourcen	Begrenzte *Ressourcen* von Teams zur Umsetzung von Prototypen bzw. ganzen Projekten
Unsicherheit	*Unsicherheit* aufgrund von wenig vorhandenen Daten, um Analysen und Vorhersagen zu treffen.

Nachfolgend soll nun jede Kategorie betrachtet und dargestellt werden, worin das Problem besteht und wie und warum KI diese Herausforderung lösen kann.

Übersetzung
Die Herausforderung in der Kategorie ist die Schwierigkeit ein Konzept, das in Wort festgehalten ist, in eine visuelle Darstellung zu überführen. Der Einsatz von generativer KI kann hier unterstützen, indem man durch die Eingabe eines Prompts die Worte in Bilder umwandelt und so eine Abstraktionsebene schafft (B06, Absatz 10; B11, Absatz 16; B12, Absatz 10)

Komplexität
Die Herausforderung in der Kategorie ist, dass es schwierig ist in der frühen Phase eines Projekts nicht nur auf einer abstrakten Ebene zu bleiben, sondern konkrete Zahlen zu verwenden. Dies wird als anspruchsvoll und zeitaufwändig wahrgenommen. Durch die Verwendung von KI können große Datenmengen analysiert und Zusammenhänge zwischen den Daten erkannt werden (B09, Absatz 16; B09, Absatz 32). Die Zeitersparnis kann als ein Erfolgsindikator betrachtet werden (B06, Absatz 32).

Mangelndes Verständnis und Wissen

Die Herausforderung in der Kategorie ist, dass Anwender in Innovationsprojekten oft mit Schwierigkeiten konfrontiert sind, die sich aus fehlendem Verständnis für neue Märkte und fehlendem Wissen über unterschiedliche Wettbewerber und innovative Lösungen ergeben können. KI kann die Anwender hier unterstützen, indem sie eine Erstanalyse ermöglicht, grobe Filterung für relevante Informationen bietet und unabhängig von vorgegebenen Buzzwords die richtigen Informationen liefert (B08, Absatz 26; B11, Absatz 28).

Datenbeschaffung

Die Herausforderung in der Kategorie ist, dass Anwendern oft der Zugang zu relevanten Informationen fehlt, da diese oft veraltet oder hinter Bezahlschranken sind. Außerdem ist die Datensammlung sehr aufwändig. KI kann helfen, Daten aus dem Internet schnell aufzubereiten (B11, Absatz 20). In spezialisierten Bereichen, wo Standardmodelle möglicherweise nicht ausreichend sind, kann die Entwicklung eigener KI-Modelle erforderlich sein, um relevante Daten zu identifizieren (B06, Absatz 38; B08, Absatz 30). Allerdings kann der Zugang zu bezahlten Datenquellen nicht umgangen werden, da selbst KI-basierte Ansätze begrenzt sind, wenn bestimmte Daten hinter Bezahlschranken liegen und nicht öffentlich verfügbar sind (B09, Absatz 26).

Zusammenarbeit im Unternehmen

Die Herausforderung in der Kategorie besteht darin, Missverständnisse zu vermeiden und ein gemeinsames Verständnis zwischen Teams zu schaffen, insbesondere im Hinblick auf die Balance zwischen ausreichenden Spezifikationen für die Umsetzung und der Bewahrung der Kreativität und Flexibilität der technischen Experten. Durch die Fähigkeit der KI, Daten und Ideen zu visualisieren und zu strukturieren, können Teams besser auf einer gemeinsamen Grundlage diskutieren und Entscheidungen treffen (B11, Absatz 34).

Kunden

Die Herausforderung in der Kategorie ist der Umgang mit Kundenaussagen. Insbesondere geht es darum, den absoluten Wunsch des Kunden zu verstehen, um das Produkt entsprechend zu gestalten. KI hat noch Schwierigkeiten die Aussagen des Kunden zu bewerten (B09, Absatz 40; B06, Absatz 46). Sie kann jedoch dabei helfen, den Kunden besser zu verstehen und helfen das Produkt zu gestalten, wenn Kontextdaten bzw. die Bedürfnisse der Kunden gegeben sind (B12, Absatz 20; B09, Absatz 34).

Ergebnis

Die Herausforderungen im Ergebnisfindungsprozess umfassen die Balance zwischen konkreten Konzepten und Vermeidung von Abstraktion, die Abwägung der Dauer der Verfolgung mehrerer Konzepte und dem Zeitpunkt der endgültigen Entscheidung, um sicherzustellen, dass das richtige Konzept gewählt wird. KI kann helfen, indem sie anhand von Daten verschiedene Konzepte bewertet und vergleicht. Die Nutzung von Daten kann dabei helfen, konkrete Entscheidungen zu treffen und Abstraktion und subjektive Einschätzungen zu vermeiden (B09, Absatz 44; B11, Absatz 40). Dadurch werden die Konzepte konkreter. KI kann jedoch nicht unbedingt den richtigen Zeitpunkt für eine Entscheidung generieren.

Ressourcen

Die Herausforderung in dieser Kategorie ergibt sich über alle Use Cases hinweg hauptsächlich aus begrenzten Kapazitäten von Anwendern bei aufwändigen Recherchen, Entwicklungsteams bei der Erstellung von Prototypen oder Unternehmen bei der Durchführung mehrerer Projekte. KI ermöglicht durch den einfachen Zugang zu Informationen, die Analyse großer Datenmengen, schnelle Informationsverarbeitung und Automatisierung von Aufgaben eine effiziente Bewältigung von Herausforderungen wie begrenztem Zeit- und Personalmangel (B09, Absatz 24; (B06, Absatz 34). Auch kann KI als Sparringspartner für schnelle Validierung und technische Machbarkeit für Experten eingesetzt werden und kann Kosten geringhalten (B06, Absatz 14; B11, Absatz 8; B07, Absatz 8). Diese Fähigkeiten können auch Unternehmen bei der Durchführung mehrerer Projekte nützlich sein.

Unsicherheit

Die Herausforderung in dieser Kategorie befasst sich mit der Unsicherheit von Anwendern, die in nahezu allen Use Cases gegeben ist. Um die Unsicherheit beim Anwender zu minimieren, ist eine Kombination aus manueller Arbeit und KI-gestützter Analyse erforderlich (B08, Absatz 22). So kann KI helfen alle möglichen Informationen zu sammeln und diese zu analysieren, um eine bestmögliche Entscheidungsunterstützung darzustellen (B09, Absatz 16). Dadurch wird die Unsicherheit zwar minimiert, aber nicht eliminiert (B09, Absatz 32). Der Anwender wird immer mit einer Restunsicherheit umgehen müssen, die auch in den generierten Ergebnissen der KI zu finden ist.

Die Auswertung des Problemlösungs-Konstrukts zeigt, dass KI fast alle Herausforderungen und Probleme lösen kann. Grenzen hat die KI noch beim Umgang mit Unsicherheit, der Bewertung von Kundenaussagen und bei der Sammlung von restriktiven Daten. Die Ergebnisse zeigen dennoch, dass KI helfen kann, den Arbeitsalltag eines Anwenders zu erleichtern. Die wesentlichen Erkenntnisse sind deshalb, die immense Bedeutung, wie wichtig der Einsatz von KI in der Konzepterstellung ist und dass ein hoher Bedarf für die Unterstützung bei einer Implementierung gegeben ist. Auf welcher Weise dies erfolgen kann, ist im nächsten Kapitel dargestellt.

4.4.2 Erstellung des Leitfadens

Die Ergebnisse der Experteninterviews sowie der Auswertung in 4.4.1 können in einem Leitfaden zusammengefasst werden, der Anwendern eine Einschätzung und Hilfe bieten soll, wie KI in der Konzepterstellung implementiert werden kann. Die Zielgruppe des Leitfadens stellt hierbei die KI-Gelegenheitsinnovatoren nach Füller et al. (2022b) dar. Diese Gruppe ist noch wenig erfahren und sucht nach dem richtigen Einsatzzweck, um ihre Prozesse effizienter zu gestalten.

Um eine einfache und schnelle Übersicht über die Einsatzmöglichkeiten in den Use Cases zu erhalten, werden Übersichtskarten erstellt. Diese Karten sollen für jeden Use Case die Einsatzmöglichkeiten von KI aufzeigen und beinhalten Details, die dabei zu beachten sind. Die Karten sind dabei alle identisch aufgebaut. Im oberen Bereich wird der Use Case beschrieben und zusätzlich die Ziele und Notwendigkeit genannt. Der zentrale Teil der Karte zeigt eine graphische Darstellung eines möglichen KI-Einsatzes in Form eines Schemas. Die Darstellung beinhaltet den schematischen Ablauf und die Zusammenarbeit zwischen Mensch und KI, um die Aufgabe des Use Cases zu lösen. Im unteren Bereich der Karte werden in fünf Spalten weitere Informationen gegeben, die berücksichtigt werden sollten, wenn eine Implementierung angegangen wird. Die Spalten orientieren sich dabei teilweise am AI Canvas von Agrawal (2022). So werden „Judgment", „Input" und „Outcome" (Agrawal et al. 2022, 159) in ähnlicher Form für die Übersichtkarten übernommen, da sie wichtige Elemente zur Beschreibung einer KI Implementierung sind. Die übrigen Elemente werden nicht betrachtet, da sie aufgrund ihrer Ausrichtung auf prädiktive KI nicht die Ergebnisse der Interviews vollständig darstellen können. Die Spalte „Art der KI" in den Übersichtkarten legt dar, welche Art von KI für einen Einsatz sinnvoll ist. Die Spalte „Eigenentwicklung" gibt eine Einschätzung ob und für welche Art von Unternehmen eine eigene Entwicklung eines KI-Modells von Vorteil wäre. Die Spalte „Erfolgsmaßstäbe gibt einen Überblick darüber, wie der Erfolg von KI in diesem Use Case gemessen werden kann. Diese orientiert sich an dem Feld „Judgment" aus Agrawals (2022) AI Canvas. Die Spalte „Dateninput" zeigt, welche Daten für das Training des Modells benötigt werden und welche Besonderheiten es dabei zu beachten gilt. Inhaltlich orientiert sich diese an dem Feld „Input“ aus Agrawals (2022) AI Canvas. Die Spalte „Output“ stellt dar, was die KI ausgibt, wenn sie nach dem entsprechenden Schema genutzt wird und hat als Grundlage das Feld „Outcome“ aus Agrawals (2022) AI Canvas. In der rechten oberen Ecke der Karten gibt es jeweils eine Darstellung der Experteneinschätzung. Dies soll Anwendern helfen, die Signifikanz eines KI-Einsatzes im jeweiligen Use Case festzustellen. Die Übersichtskarten finden sich im Leitfaden in Anhang C.3 im elektronischen Zusatzmaterial. Nachfolgend werden für jeden Use Case die Inhalte der Übersichtskarten kurz vorgestellt.

Ein möglicher KI-Einsatz im Use Case der technischen Machbarkeit ist in Abbildung 4.1 dargestellt. Diese Abbildung zeigt die vollständige Übersichtskarte für diesen Use Case.

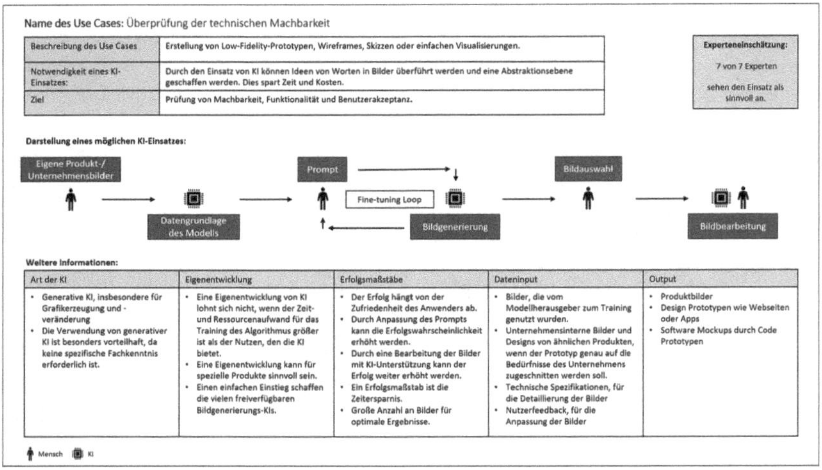

Abbildung 4.1 Übersichtskarte zum Use Case „Überprüfung der technischen Machbarkeit“. (Eigene Darstellung)

Das Schema zeigt, dass Bilder von Produkten eines Unternehmens in die Datenbasis eines bestehenden KI-Modell gegeben werden sollte. Zusätzlich können auch technische Spezifikationen als Input gegeben werden, um die Bilder detaillierter zu gestalten. Das Modell muss mit einer großen Anzahl an Bildern trainiert werden, um gute Bilder generieren zu können. Da es sich bei der Bildgenerierung um generative KI handelt, muss der Anwender anschließend die

Generierung mit einem Prompt anstoßen. Dieser kann immer wieder angepasst werden, sodass eine Anpassungsschleife („Fine-tuning Loop“) entsteht, bis der Anwender das für sich beste Bild erhält. Der Erfolg hängt hierbei maßgeblich von der Zufriedenheit des Anwenders ab. Das erhaltene Bild kann dieser in einer anderen Anwendung optimieren, indem er es in einem KI-gestützten Programm bearbeitet. Als Ergebnis erhält der Anwender ein entsprechendes Produktbild oder einen Designprototyp, wie die Benutzeroberfläche einer App. Diese Art von KI-Einsatz entspricht Ebene 2 „Expand“ von Haefners (2021) Ebenen der Informationsverarbeitung, da durch die Generierung der Bilder neue Möglichkeiten aufzeigt werden können (Haefner et al. 2021, 7).

Auch im Use Case der Wirtschaftlichkeitsanalyse kann KI eingesetzt werden, obwohl dessen, dass nur 4 von 7 Experten dort einen sinnvollen Einsatz sehen. Abbildung 4.2 zeigt einen Ausschnitt der Übersichtkarte des Use Cases, die in Anhang C.3 im elektronischen Zusatzmaterial zu finden ist.

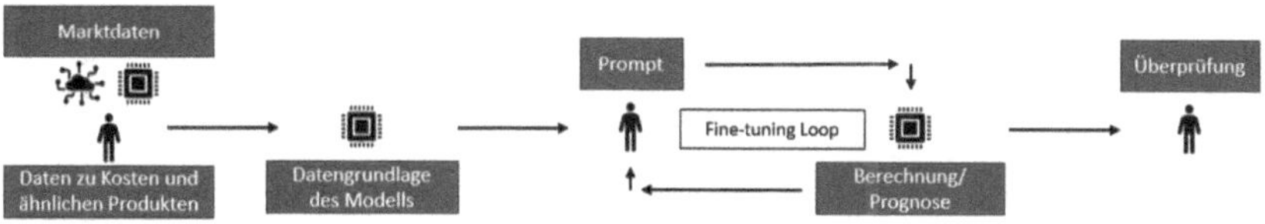

Abbildung 4.2 Schema eines möglichen KI-Einsatzes im Use Case „Wirtschaftlichkeitsanalyse“. (Eigene Darstellung)

Um die Wirtschaftlichkeit eines Konzeptes zu berechnen, werden neben Marktdaten auch unternehmensinterne Daten benötigt. Marktdaten kann eine KI mit Internetzugriff beschaffen, während der Anwender interne Daten zu Herstellkosten und Kostenstrukturen ähnlicher Produkte bereitstellen muss. Mit diesen Daten kann das Modell trainiert werden. Mit dem trainierten Modell können nun Prognosen für Umsatzzahlen erstellt werden. Mit generativer KI können diese Zahlen entsprechend aufbereitet und interpretiert werden. Diesbezüglich kann der Anwender durch entsprechende Änderungen des Prompts, indem er beispielsweise bestimmte Annahmen ändert, das Ergebnis anpassen. Ist er mit der Analyse zufrieden, muss er diese überprüfen. Durch die Messung von Genauigkeit und Fehlermaß bei einer Trendanalyse kann das Ergebnis vorab überprüft werden. Das Ergebnis der KI sollte für Anwender nachvollziehbar sein, indem es entsprechende Kennzahlen verwendet. Deshalb darf die generative KI keine Zahlen erfinden. Diese Art von KI-Einsatz entspricht Ebene 1 „Exploit“ von Haefners (2021) Ebenen der Informationsverarbeitung, da die KI durch die Verarbeitung großer Datenmengen den Anwender bei der Entscheidungsfindung unterstützen kann.

Für den Use Case der Markt- und Wettbewerbsanalyse sehen alle Experten ein hohes Potenzial. Das Schema eines möglichen KI-Einsatzes in diesem Use Case zeigt Abbildung 4.3. Die ganze Übersichtskarte findet sich in Anhang C.3 im elektronischen Zusatzmaterial.

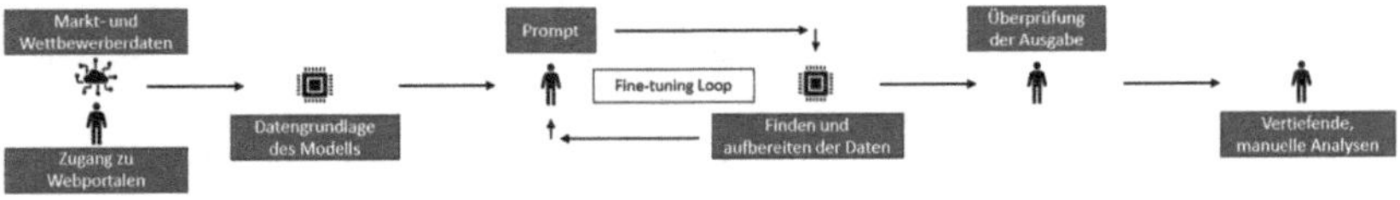

Abbildung 4.3 Schema eines möglichen KI-Einsatzes im Use Case „Markt- und Wettbewerbsanalyse". (Eigene Darstellung)

Hier unterstützt KI bei der Informationsbeschaffung. Entsprechend muss das Modell einen Zugriff auf Daten aus dem Internet haben, um aktuelle Daten über Markt und Wettbewerber zu erhalten. Um spezifische Ergebnisse zu erzielen, muss der KI Zugriff zu Datenbanken und Webportalen gewährt werden, beispielsweise über APIs. Da es sich in diesem Zusammenhang um generative KI handelt, kann der Anwender durch Eingabe eines Prompts die gesuchten Informationen erhalten. Die KI durchsucht dafür das gesamte Internet sowie die adaptierten Datenbanken und bereitet sie entsprechend auf. Durch Anpassung des Prompts können gegebenenfalls darüber hinaus umfangreichere Informationen gefunden werden. Die generierten Ergebnisse der KI sind beispielsweise Marktdaten wie Größe und Wachstum oder Informationen über Wettbewerber und deren Produkte. Auch in diesem Anwendungsfall müssen die Ergebnisse im Einzelfall verifiziert werden, da je nach Datenverfügbarkeit fehlerhafte Informationen nicht ausgeschlossen werden können. Experten empfehlen daher die KI-Suche als Ausgangspunkt für manuelle, vertiefende Analysen zu verwenden (B06, Absatz 36; B08, Absatz 26). Diese Art von KI-Einsatz entspricht Ebene 1 „Exploit" von Haefners (2021) Ebenen der Informationsverarbeitung, da die KI durch die Suche und Verarbeitung großer Datenmengen den Anwender bei der Entscheidungsfindung unterstützen kann.

Auch im Use Case „Ausarbeitung des Produktkonzepts durch Spezifikationen" ist ein KI-Einsatz möglich. Abbildung 4.4 zeigt das Schema eines möglichen KI-Einsatzes in diesem Use Case. Die vollständige Übersichtskarte findet sich in Anhang C.3 im elektronischen Zusatzmaterial.

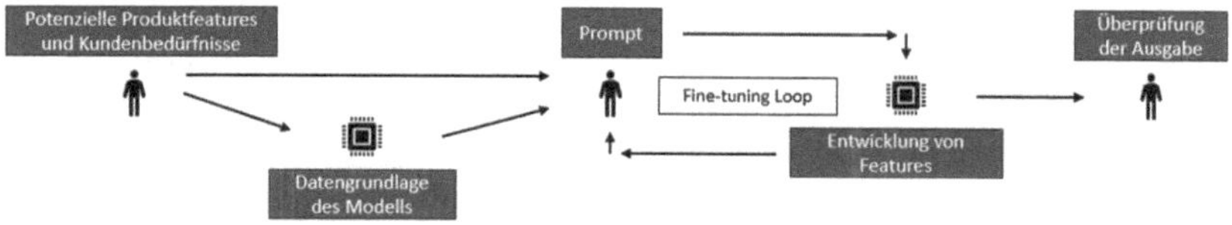

Abbildung 4.4 Schema eines möglichen KI-Einsatzes im Use Case „Ausarbeitung des Produktkonzepts durch Spezifikationen". (Eigene Darstellung)

Um KI sinnvoll einsetzen zu können muss von den Anwendern Kontext mitgegeben werden. Dies erfolgt zum einen über die Zugabe einer Zusammenstellung von potenziellen Spezifikationen an das KI-Modell. Diese können entweder in die Datenbasis des Modells übertragen werden oder aber über den Prompt direkt verarbeitet werden. Das Modell kann mit diesen zusätzlichen Daten entsprechend neue, passende Spezifikationen entwickeln. Außerdem muss der Anwender die Kundenbedürfnisse der KI liefern. Da auch hier generative KI geeignet ist, können die Kundenbedürfnisse über den Prompt an die KI gegeben werden. Durch Verfeinerung des Prompts können so die für die Kundenbedürfnisse passenden Features ausgegeben werden und beispielsweise für die Visualisierung in Use Case der technischen Machbarkeit genutzt werden. Auch hier muss die Ausgabe durch den Anwender daraufhin überprüft werden, ob die Spezifikationen realistisch sind und zu den Kundenanforderungen passen. Der Erfolgsmaßstab der Ausgabe ist hierbei die Zufriedenheit des Kunden mit dem Ergebnis. Diese Art von KI-Einsatz entspricht Ebene 2 „Expand" von Haefners (2021) Ebenen der Informationsverarbeitung, da durch die Generierung der Spezifikationen neue Möglichkeiten aufgezeigt werden können.

Im Use Case „Konzeptauswahl und -bewertung" kann KI ebenfalls eingesetzt werden. Abbildung 4.5 zeigt das Schema eines möglichen KI-Einsatzes in diesem Use Case. Die vollständige Übersichtskarte findet sich in Anhang C.3 im elektronischen Zusatzmaterial.

Abbildung 4.5 Schema eines möglichen KI-Einsatzes im Use Case „Konzeptauswahl und -bewertung". (Eigene Darstellung)

Als Dateninput dienen hier die in den vorhergegangen Use Cases gesammelten Informationen: Marktdaten, Kundenbedürfnisse, Wirtschaftlichkeitsdaten etc. Diese können entweder in die Datenbasis des Modells übertragen werden oder aber über den Prompt direkt verarbeitet werden. Durch die direkte Eingabe in den Prompt kann ein aufwändiges Training gespart werden. Mithilfe des Prompts, welchem auch maßgebliche Bewertungskriterien mitgegeben werden sollten, kann die generative KI auf Basis dieser Daten eine Entscheidung für ein Konzept treffen. Die KI kann hier beispielsweise eine Empfehlung für die Auswahl eines Konzeptes ausgeben. Durch Anpassungen des Prompts können die Entscheidungsparameter verändert werden. Die Entscheidung der KI muss jedoch vom Anwender überprüfbar und nachvollziehbar sein können. Die KI kann hier als Entscheidungsunterstützung agieren, die endgültige Auswahl liegt jedoch beim Anwender. Diese Art von KI-Einsatz entspricht Ebene 1 „Exploit" von Haefners (2021) Ebenen der Informationsverarbeitung, da die KI durch die Verarbeitung großer Datenmengen den Anwender bei der Entscheidungsfindung unterstützen kann.

Zusätzlich zu den Übersichtskarten können auf Basis der Interviews allgemeine, Use Case übergreifende Handlungsempfehlungen abgeleitet werden, die eine Implementierung begleiten sollten. Diese behandeln Themen, die für alle Use Case relevant sind. Dabei geht es um die Priorisierung der Use Cases, welche Berücksichtigung bei der Entwicklung eines KI-Modells getroffen werden müssen, wie mit Daten umgangen werden muss und wie Mensch und KI zusammenarbeiten sollen. Nachfolgend sollen die vier Handlungsempfehlungen kurz vorgestellt werden.

Priorisierung der Use Cases

Die primäre Priorisierung der fünf Use Cases erfolgt nach den Einschätzungen der Experten. Diese können als das Potenzial des Einsatzes betrachtet werden.

Da sich die Experten bei der Wirtschaftlichkeitsanalyse und der Ausarbeitung des Konzepts durch Spezifikationen nicht einig sind, sollten diese Use Cases zunächst nicht priorisiert werden, sondern im Detail untersucht und validiert werden. Aufgrund des uneindeutigen Einsatzpotenzials in den beiden Use Cases, sollten Unternehmen anhand der Übersichtskarten Versuche starten, um das Einsatzpotenzial im Kontext der eigenen Firma zu validieren.

Die Konzeptauswahl und -bewertung eignet sich bei 6 von 7 Experten für einen KI-Einsatz. Dieser Use Case kommt dementsprechend vor allem für solche Unternehmen in Betracht, die in diesem Bereich ohnehin Potenzial für Verbesserung sehen und mit der KI neue Ansätze verfolgen wollen. Im Bedarfsfall sollten Unternehmen hierzu für einen Einstieg die entsprechende Übersichtskarte nutzen.

Bei der Markt- und Wettbewerbsanalyse sowie der Überprüfung der technischen Machbarkeit sehen alle Experten großes Potenzial für KI. Daher sollten Unternehmen, die Anwendungsfälle in diesen Bereichen haben, die Übersichtskarten nutzen, um einen KI-Einsatz im Hinblick auf dessen Sinnhaftigkeit zu bewerten und Planungsschritte anzugehen. Insgesamt ist zu beachten, dass die Auswahl von den Interessen des jeweiligen Unternehmens abhängig ist. Die Einschätzung der Experten sowie die dargestellten Einsatzmöglichkeiten und Informationen sollen Unternehmen dabei unterstützen, eigene Einschätzungen vorzunehmen.

Berücksichtigungen bei der Entwicklung eines KI-Modells

Jedes Unternehmen muss für sich entscheiden, ob auf ein bestehendes Modell zurückgegriffen wird oder ein eigenes KI-Modell entwickelt werden soll. Anregungen und Informationen bieten die entsprechenden Übersichtskarten der Use Cases. Es ist zu beachten, dass eine Eigenentwicklung aufgrund des hohen Aufwands und des benötigten IT-Know-hows derzeit in der Regel nur für große Unternehmen realistisch machbar ist. Für die Entwicklung eines eigenen Modells werden Entwicklungsressourcen, IT-Experten und Serverkapazität, insbesondere GPU-Server benötigt. Zusätzlich müssen die Experten einen passenden KI-Algorithmus auswählen, der den Anforderungen der Transparenz und Erklärbarkeit bestmöglich gerecht wird. So sollte das Modell Nachweise für die Aussagen ausgeben können, um eine Nachvollziehbarkeit der Informationen für Entscheider zu gewährleisten. Hierbei sind auch die Kosten und der Aufwand zu berücksichtigen, die den Nutzen mittel- und langfristig betrachtet nicht übersteigen sollten.

Für kleine und mittelgroße Unternehmen ist deshalb die Nutzung bestehender Modelle die praktikabelste Lösung. Dabei muss abgeschätzt werden, auf welcher Tool-Ebene ein Einstieg erfolgen soll (Siehe Abbildung 2.9). Bestehende, generische online KI-Tools wie ChatGPT und darauf entwickelte Anwendungen eignen sich für einen einfachen Einstieg ohne hohen Investitionsaufwand. Für spezifischere Anwendungsfälle kann auf bestehende Modelle zurückgegriffen und diese modifiziert werden. Hierzu sind die Anwendungen der großen Technologieunternehmen wie Microsoft, Amazon und Google derzeit gut vorbereitet, beispielsweise lässt Microsoft Azure zu, dass zu bestehenden Large Language Models eigene Daten hinzugefügt werden, um so das KI-Modell auf den jeweiligen Einsatzzweck anzupassen. Hier muss keine Hardware beschafft werden und die Skalierung ist mit vergleichsweise geringem Aufwand durchführbar. Diese Modelle nutzen auch die von Bilgram/Füller (2019) genannten Technologien: Prognose, Sprachverarbeitung, Bildverarbeitung, Empfehlungen und Text Mining (Bilgram und Füller 2019, 22). Für eine vertiefende Sichtweise kann hierzu das in Abschnitt 2.3.2 eingeführte AIMI Framework von Yams/Shubina (2022) heranzogen werden. Die Dimension „Technologies" ist dabei besonders relevant für diese Handlungsempfehlung.

Umgang mit Daten

Wurde sich für eine Eigenentwicklung entschieden, müssen sehr große Datenmengen für das Training der KI gesammelt werden. Welche Daten erforderlich sind, ist in den Übersichtskarten definiert. Vor der eigentlichen Entwicklung muss zunächst ein Datenpool aufgebaut werden. Anschließend müssen die Daten zusammengetragen und bereinigt werden. Dies ist besonders wichtig, da die Qualität der Daten maßgeblich zum Erfolg der KI beitragen. Schlechte Daten führen zu schlechten Ergebnissen. Das heißt, die Daten müssen in das benötigte Format gebracht werden und Ausreißer und mögliche Bias bereinigt werden. Auch für die Nutzung und Anpassung von bestehenden Modellen sollten die genauen Anforderungen der Modellanbieter überprüft werden, um die Datenintegrität zu gewährleisten. Daher ist das Verständnis über die Datengrundlage des Modells unabdingbar, unabhängig davon, ob ein bestehendes oder ein eigenes Modell verwendet wird. Dies ist insofern relevant, wenn aktuelle Daten verwendet werden sollen. Dies setzt einen Zugang zum Internet für die KI voraus. Für optimale Ergebnisse müssen zwingend eigene Daten mit eingepflegt werden. Auch diese müssen entsprechend präprozessiert werden. Bei der Auswahl des Modells muss der Anwender möglichst viele Informationen über die Datenbasis herausfinden, um das passende Modell für die Anforderungen des Unternehmens zu finden. Dies beinhaltet beispielsweise auch alle Angaben, die die Datenhaltung betreffen. Die Dimension „Data" des AIMI Frameworks von Yams/Shubina (2022) gibt Unternehmen vertiefend Informationen zu den Besonderheiten im Umgang mit Daten.

Zusammenarbeit zwischen Mensch und KI

Aufgrund der aktuellen Leistung von KI ist eine Zusammenarbeit von Mensch und KI zwingend nötig. Das konkrete Vorgehen wird in den einzelnen Use Cases beschrieben. Die Ergebnisse der KI müssen immer kritisch von menschlichen Experten überprüft werden, um die Validität der Aussagen sicherzustellen. Für qualitativ hochwertige Ergebnisse muss der Mensch der KI ausreichend viel Kontextinformationen, wie Kundenbedürfnisse und Erfahrungswerte, mitgeben. Die Resultate können anschließend von Experten verifiziert und von Kunden getestet werden. Wichtig ist jedoch, dass die Überprüfung des Ergebnisses den Aufwand der manuellen Ausführung der Aufgabe nicht übersteigt. Außerdem kann die KI nicht für jeden Use Case ausreichend gute Ergebnisse generieren, sodass unter Umständen eine manuelle, tiefergehende Recherche nötig sein wird. Diese Erkenntnis deckt sich mit der Hypothese von Weigand et al. (2021): „Das Erfolgsgeheimnis eines möglichst effizienten Innovationsprozesses liegt vermutlich im Zusammenspiel von menschlicher Expertise und der effizienten Datenverarbeitung der KI." (Weigand et al. 2021, 40).

Wichtig ist in diesem Zusammenhang, dass Anwendern frühestmöglich der Umgang mit der KI vermittelt wird, um eine größtmögliche Akzeptanz gegenüber der Technologie zu schaffen. Die Anwender sollen dabei ein Gefühl für das Leistungsvermögen einer KI entwickeln. Hierzu ist es wichtig, dass die Anwender mit den richtigen Erwartungen an die neue Aufgabe gehen. In diesem Rahmen muss der Umgang mit der KI geschult und Vertrauen gegenüber der Technologie geschaffen werden. So können beispielsweise freiverfügbare Tools von Anwendern ohne besondere Vorkenntnis genutzt werden, während Entwicklungsumgebungen wie Microsoft Azure Vorkenntnisse über die KI benötigen. Durch die Schulungen und Klarstellungen kann so eine gemeinsame Gesprächsbasis für alle Anwender und Entwickler geschaffen werden. Zusätzlich können Unternehmen das AIMI Framework von Yams/Shubina (2022) heranziehen. Besonders die Dimensionen „Organisation" und „Mindsets" sind zu berücksichtigen, um die Anwender bestmöglich bei der Implementierung zu integrieren.

5 Zusammenfassung und Ausblick

Das folgende Kapitel fasst die wichtigsten Ergebnisse der Arbeit zusammen und beantwortet die Forschungsfragen. Außerdem wird ein Ausblick auf weitere Entwicklungen gegeben.

5.1 Zusammenfassung der Ergebnisse

Insgesamt bietet diese Arbeit einen umfassenden Einblick in die Nutzung von KI im Innovationsmanagement, insbesondere in der Konzepterstellungsphase von Produktinnovationsprozessen. Die vorgestellten Use Cases und Handlungsempfehlungen bieten Unternehmen einen Leitfaden zur Integration von KI in ihre bereits bestehenden Innovationspraktiken. Ziel der Arbeit war es, Anwendern eine Hilfestellung zu bieten, um die Implementierung von KI in die Konzepterarbeitung zu erleichtern. Hierzu sollte ein Leitfaden erstellt werden, mit dem Anwender erste Schritte wagen können, um KI für die Aufgaben der Konzepterstellung einsetzen zu können.

Auf Basis der Literatur wurden zunächst die fünf Use Cases Überprüfung der technischen Machbarkeit, Wirtschaftlichkeitsanalyse, Markt- und Wettbewerbsanalyse, Ausarbeitung des Produktkonzepts durch Spezifikationen und Konzeptauswahl und -bewertung erarbeitet. Die Auswahl erfolgte anhand einer qualitativen Analyse.

Anhand der entwickelten Use Cases wurden Experten in ihrer Rolle als Anwender, die die Aufgaben der Konzepterstellung in ihrer täglichen Arbeit ausführen, befragt, um konkrete Vorgehensweisen und Herausforderungen zu identifizieren. Die Ergebnisse der Interviews waren die Grundlage für eine zweite

M. Rohrer, *Künstliche Intelligenz im Produktinnovationsprozess*, BestMasters,
https://doi.org/10.1007/978-3-658-46697-8_5

Runde, in der KI-Experten befragt wurden, ob und wie KI in den Use Cases eingesetzt werden kann und welche Probleme der Anwender mit KI lösen kann.

Die Ergebnisse der ersten Befragungsrunde zeigen, dass Unsicherheit in der frühen Phase des Projekts bei den Anwendern eine zentrale Rolle spielt. Bei der Überprüfung der technischen Machbarkeit nutzen die Befragten Prototypen und einfache Visualisierungen. Herausforderungen drehen sich hier hauptsächlich, um Unsicherheit und die Schwierigkeit, Ideen in Visualisierungen zu übertragen. Bei der Durchführung einer Wirtschaftlichkeitsanalyse nutzen die Befragten Marktdaten und Excel Templates, um Berechnungen durchzuführen. Auch hier treten Unsicherheiten bei den Befragten auf. Bei der Markt- und Wettbewerbsanalyse werden hauptsächlich Internetrecherchen durchgeführt, um an Daten zu gelangen. Die Schwierigkeit liegt hier in der sehr zeitaufwändigen Recherche und dass über die klassische Recherche nicht alle Daten gewonnen werden können. Bei der Ausarbeitung des Produktkonzepts werden die Spezifikationen durch eigenes und Expertenwissen sowie Kundenwünsche gewonnen. Dabei stellt es für die Anwender eine Herausforderung dar, die Kundenwünsche treffend zu erfassen, zu verstehen und zu deuten. Die Konzeptauswahl und -bewertung erfolgt den Experten nach durch Nutzwertanalysen und der Betrachtung der vorausgegangenen Use Cases. Den richtigen Zeitpunkt für eine Entscheidung zu definieren und die Entscheidung so zu treffen, dass sie sowohl für das Unternehmen als auch für den Kunden attraktiv ist, stellt sich als besonders herausfordernd dar.

Die Ergebnisse der Interviews mit den KI-Experten zeigen, dass für alle Use Cases ein Einsatzpotenzial vorhanden ist, wobei die Meinungen hierzu nur geringfügig voneinander abweichen. So sind sich alle Experten einig, dass besonders generative KI für Visualisierungen eingesetzt werden kann, um die technische Machbarkeit zu überprüfen. Unterschiedlicher Ansicht sind die Experten bei der Wirtschaftlichkeitsanalyse. Einerseits kann Excel, den Experten zufolge, diese Berechnung genauso gut durchführen, andererseits kann KI Trends und Szenarien erstellen, um eine Umsatzprognose zu treffen. Übereinstimmend wiederum zeigten sich die Experten bei der Markt- und Wettbewerbsanalyse. KI kann hier schnell eine große Menge an Informationen sammeln und aufbereiten, wenn die generative KI Zugang zum Internet und den entsprechenden Datenbanken erhält. Bei der Ausarbeitung des Produktkonzepts durch Spezifikationen glauben einige Experten nicht daran, dass KI den Kunden verstehen und innovative Spezifikationen entwickeln kann. Andere Experten sind der Überzeugung, dass genau dies die Stärke einer generativen KI ist und sich daher sehr gut für diesen Zweck eignet. Für die Konzeptauswahl und -bewertung sehen fast alle Experten einen sinnvollen Einsatzzweck von KI, da diese Daten aufbereiten und als Entscheidungsunterstützung agieren kann.

Die Ergebnisse der Interviews helfen, die in Kapitel 1 aufgestellten Forschungsfragen zu beantworten. Für eine umfassende Beantwortung der erste Forschungsfrage war es in einem ersten Schritt notwendig, Aufgaben und Herausforderungen in der Konzepterstellung zu identifizieren. Die Hauptvorgehensweisen beziehen sich auf einfache Visualisierungen, Excel Templates für Berechnung, Internetrecherchen, Kundenbefragungen und Nutzwertanalysen. Die genannten Herausforderungen betreffen besonders die Unsicherheit, welche in fast allen Use Cases der Konzepterstellung identifiziert wurde, sowie die Schwierigkeiten den wirklichen Wunsch des Kunden zu verstehen, Ideen in Visualisierungen zu übersetzen und möglichst viele Daten über Markt und Wettbewerber zu beschaffen.

Für die Beantwortung der zweiten Forschungsfrage war es in einem zweiten Schritt notwendig, das Einsatzpotenzial in den Use Cases der Konzepterstellung festzustellen. Durch die mit KI-Experten geführten Interviews konnte veranschaulicht werden, dass KI in allen Use Cases verwendbar ist. Große Einigkeit herrschte bei den Experten, dass KI besonders für die Überprüfung der technischen Machbarkeit und Markt- und Wettbewerbsanalyse eingesetzt werden kann. Auch für die Konzeptauswahl und -bewertung sei KI ein sehr gutes Werkzeug. Nur bei der Wirtschaftlichkeitsanalyse und der Ausarbeitung des Produktkonzepts durch Spezifikationen sind die Experten eher verhalten. Wie genau KI in den Use Cases angewendet werden kann, wurde in den Übersichtskarten und im Leitfaden auf Basis der Expertenaussagen genauer definiert. Hierzu helfen die Kategorien „Art der KI", Eigenentwicklung", „Erfolgsmaßstäbe", „Dateninput" und „Output" Anwendern zu verstehen, was beachtet werden muss, wenn KI in dem jeweiligen Use Case implementiert wird.

Für die Beantwortung der dritten Forschungsfrage wurden in einem letzten Schritt die Ergebnisse der Interviews synthetisiert, um genaue Vorgehensweisen zu definieren. Hierzu wurde für jeden Use Case ein Schema entwickelt, das Anwender bei der Implementierung von KI Unterstützung bieten kann. Eine zentrale Rolle spielt in allen Use Cases der Fine-tuning Loop in welchem die Anwender durch Anpassung des Prompts präzisere Ergebnisse erzielen. Außerdem zeigt sich, dass das Zusammenspiel zwischen Mensch und KI unumgänglich ist und immer Berücksichtigung finden muss. Dabei gilt für alle Use Cases, dass natürliche Intelligenz stets die Ergebnisse der KI auf ihre Validität überprüfen muss, d. h. letztendlich entscheidet der Mensch über den Erfolg. Zuletzt spielt auch der Dateninput eine zentrale Rolle in allen Use Cases, da der Erfolg des Ergebnisses maßgeblich von Menge und Qualität der Datenbasis abhängig ist: Schlechte Daten führen zu schlechten Ergebnissen.

Der erstellte Leitfaden gibt einen Überblick über die Vorgehensweisen in den Use Cases sowie allgemeinen Handlungsempfehlungen, die berücksichtigt werden müssen und trägt so dazu bei, eine Lücke in der Forschung zu füllen, indem er einen Implementierungsansatz für KI im Innovationsmanagement bietet. Diese Lücke existiert dergestalt, dass es bisher nur wenige und unkonkrete Ansätze dazu gibt, wie die Implementierung von KI im sinnvoll umsetzbar ist. Daher reiht sich der Leitfaden beispielsweise neben dem AI Canvas von Agrawal (2022) ein. Ebenfalls versucht der Leitfaden eine Lösung für die 87 % der von Weigand et al. (2021) befragten Unternehmen bereitzustellen, die KI in der Konzepterstellung bisher noch nicht nutzen.

5.2 Ausblick auf weitere Entwicklungen

Die Thematik rund um KI im Innovationsmanagement eröffnet vielfältige Möglichkeiten für zukünftige Untersuchungen. So müssen in einem nächsten Schritt die Forschungsergebnisse evaluiert werden, um der DSR Methodologie von Pfeffers et al. (2007) gerecht zu werden. Für die Evaluation sind Unternehmen angesprochen, die KI in einem der Use Cases einsetzen wollen. Anhand des Leitfadens sollen diese Unterstützung erhalten, um die Implementierung von KI in dem von Ihnen gewählten Use Case zu überprüfen. Hier sollte jeder Use Case durch mehrere Unternehmen überprüft werden. Die Rückmeldung durch die Unternehmen kann dann beispielsweise durch einen Fragebogen oder Interviews eingeholt werden. Durch gezielte Rückfragen kann so der Leitfaden verbessert werden.

Weiterhin können entsprechende Übersichtskarten und Leitfäden auch für andere Phasen des Innovationsprozesses erstellt werden. Hierzu kann eine ähnliche Vorgehensweise gewählt werden, um beispielsweise den KI-Einsatz in der Phase der Ideengenerierung oder Markteinführung zu untersuchen.

In dieser Arbeit wurde die Tatsache, warum nur 13 % der von Weigand et al. (2021) befragten Unternehmen KI in der Konzepterstellung nutzen, nicht untersucht. Es bietet sich daher an, in einem weiteren Schritt die Ursachen für diese geringe Nutzung zu erforschen, um die Zurückhaltung besser zu verstehen, Hemmnisse abzubauen und den Leitfaden entsprechend zu optimieren.

Schließlich bietet sich sowohl im akademischen als auch im nichtakademischen Kontext die Möglichkeit, den Leitfaden weiter zu vertiefen, indem untersucht wird, welche KI-Modelle und Tools sich am besten für die konkrete Ausführung der Aufgaben eignen. Der Leitfaden gibt hierzu Leitlinien vor, jedoch ist eine individuelle Anpassung auf niedrigerer Ebene erforderlich, um den größtmöglichen Nutzen zu erzielen.

Diese Arbeit hat den Anspruch einen wichtigen Beitrag zur Förderung von KI-gestützten Innovationen zu leisten und möchte zur weiteren Entwicklung auf diesem vielversprechenden Gebiet beitragen, verbunden mit dem Wunsch, diesem Anspruch gerecht zu werden.

Literaturverzeichnis

Abdelkafi, Nizar/Döbel, Inga/Drzewiecki, Johannes David/Meironke, Anja/Niekler, Andreas/Ries, Sonja (2019). Künstliche Intelligenz (KI) im Unternehmenskontext. Literaturanalyse und Thesenpapier. Leipzig.

Agrawal, Ajay/Gans, Joshua/Goldfarb, Avi (2022). Prediction Machines, Updated and Expanded. The Simple Economics of Artificial Intelligence. La Vergne, Harvard Business Review Press.

Altenburger, Reinhard/Schmidpeter, René (Hg.) (2021). CSR und Künstliche Intelligenz. Berlin/Heidelberg, Springer Gabler.

Benbya, Hind/Davenport, Thomas H./Pachidi, Stella (2020). Artificial Intelligence in Organizations: Current State and Future Opportunities. SSRN Electronic Journal. https://doi.org/10.2139/ssrn.3741983.

Bilgram, Volker/Füller, Johann (2019). Autonomous Innovation – How AI and Algorithms revolutionize Innovation Management. Scientific study on the impact of Artificial Intelligence on innovation management. https://doi.org/10.2139/ssrn.3293533.

Bilgram, Volker/Laarmann, Felix (2023). Accelerating Innovation With Generative AI: AI-Augmented Digital Prototyping and Innovation Methods. IEEE Engineering Management Review 51 (2), 18–25. https://doi.org/10.1109/EMR.2023.3272799.

Böder, Tim/Rabenstein, Kerstin (2022). Qualitative Ansätze in der Schulforschung. In: Hascher, T., Idel, TS., Helsper, W. (Hg.). Handbuch Schulforschung. Wiesbaden, Springer VS, 109–132.

Bouschery, Sebastian G./Blazevic, Vera/Piller, Frank T. (2023). Augmenting human innovation teams with artificial intelligence: Exploring transformer-based language models. Journal of Product Innovation Management 40 (2), 139–153. https://doi.org/10.1111/jpim.12656.

Braun, Martin (2023). Einfluss der künstlichen Intelligenz auf Arbeitstätigkeit. Kurzstudie für das Handelsblatt. Stuttgart.

Breuer, F. (2009). Reflexive Grounded Theory: Eine Einführung in die Forschungspraxis. Wiesbaden, VS Verlag.

M. Rohrer, *Künstliche Intelligenz im Produktinnovationsprozess*, BestMasters,
https://doi.org/10.1007/978-3-658-46697-8

Brynjolfsson, Erik/McAfee, Andrew (2017). What's Driving the Machine Learning Explosion? Online verfügbar unter https://hbr.org/2017/07/whats-driving-the-machine-learning-explosion#:~:text=Three%20factors%20are%20at%20play%3A%20enormously%20increased%20data%2C,significantly%20improved%20algorithms%2C%20and%20substantially%20more-powerful%20computer%20hardware.

Chan, Leong/Hogaboam, Liliya/Cao, Renzhi (2022). Applied Artificial Intelligence in Business. Concepts and Cases. Cham, Springer International Publishing; Imprint Springer.

Cockburn, Iain M./Henderson, Rebecca/Stern, Scott (2018). The Impact of Artificial Intelligence on Innovation. 24449. Aufl. Cambridge, MA.

Cooper, Robert G. (1988). Predevelopment activities determine new product success. Industrial Marketing Management 17 (3), 237–247. https://doi.org/10.1016/0019-8501(88)90007-7.

Cooper, Robert G. (2010). Top oder Flop in der Produktentwicklung. Erfolgsstrategien: von der Idee zum Launch. 2. Aufl. Weinheim, Wiley-VCH Verlag GmbH & Co. KGaA.

Davenport, Thomas H./Mittal, Nitin (2022). How Generative AI Is Changing Creative Work. Harvard Business Review. Online verfügbar unter https://hbr.org/2022/11/how-generative-ai-is-changing-creative-work (abgerufen am 06.12.2023).

Deloitte Greece (2018). The Deloitte Innovation Survey.

Disselkamp, Markus (2012). Innovationsmanagement. Instrumente und Methoden zur Umsetzung im Unternehmen. 2. Aufl. Wiesbaden, Springer Gabler.

Döring, Nicola (2023a). Datenerhebung. In: Nicola Döring (Hg.). Forschungsmethoden und Evaluation in den Sozial- und Humanwissenschaften. Berlin, Heidelberg, Springer Berlin Heidelberg, 321–570.

Döring, Nicola (2023b). Qualitätskriterien in der empirischen Sozialforschung. In: Nicola Döring (Hg.). Forschungsmethoden und Evaluation in den Sozial- und Humanwissenschaften. Berlin, Heidelberg, Springer Berlin Heidelberg, 79–118.

Döring, Nicola (2023c). Untersuchungsdesign. In: Nicola Döring (Hg.). Forschungsmethoden und Evaluation in den Sozial- und Humanwissenschaften. Berlin, Heidelberg, Springer Berlin Heidelberg, 183–222.

Dresing, Thorsten/Pehl, Thorsten (2020). Transkription. Implikationen, Auswahlkriterien und Systeme für psychologische Studien. In: Günter Mey/Katja Mruck (Hg.). Handbuch Qualitative Forschung in der Psychologie. Band 2: Designs und Verfahren. 2. Aufl. Wiesbaden, Springer Fachmedien, 835–854.

Füller, Johann/Bilgram, Volker/Wahl, Julian/Hutter, Katja (2022a). Autonomous Innovation – How AI is implemented in Innovation Management. Scientific study on the impact of Artificial Intelligence on Innovation Management.

Füller, Johann/Hutter, Katja/Wahl, Julian/Bilgram, Volker/Tekic, Zeljko (2022b). How AI revolutionizes innovation management – Perceptions and implementation preferences of AI-based innovators. Technological Forecasting and Social Change 178. https://doi.org/10.1016/j.techfore.2022.121598.

García-Peñalvo, Francisco/Vázquez-Ingelmo, Andrea (2023). What Do We Mean by GenAI? A Systematic Mapping of The Evolution, Trends, and Techniques Involved in Generative AI. International Journal of Interactive Multimedia and Artificial Intelligence 8 (4), 7. https://doi.org/10.9781/ijimai.2023.07.006.

Gassmann, Oliver/Sutter, Philipp (2011). Praxiswissen Innovationsmanagement. Von der Idee zum Markterfolg. 2. Aufl. München, Hanser.

Gentsch, Peter (2019). Künstliche Intelligenz für Sales, Marketing und Service. Wiesbaden, Springer Fachmedien Wiesbaden.

Gerpott, Torsten J. (2005). Strategisches Technologie- und Innovationsmanagement. 2. Aufl. Stuttgart, Schäffer-Poeschel.

Gläser, Jochen/Laudel/Grit (2009). Experteninterviews und qualitative Inhaltsanalyse. Lehrbuch. 3. Aufl. Wiesbaden, VS Verlag für Sozialwissenschaften.

Grace, Katja/Salvatier, John/Dafoe, Allan/Zhang, Baobao/Evans, Owain (2018). When Will AI Exceed Human Performance? Evidence from AI Experts. Journal of Artificial Intelligence Research (62), 729–754.

Haefner, Naomi/Wincent, Joakim/Parida, Vinit/Gassmann, Oliver (2021). Artificial intelligence and innovation management: A review, framework, and research agenda☆. Technological Forecasting and Social Change 162, 120392. https://doi.org/10.1016/j.techfore.2020.120392.

Hauschildt, Jürgen/Salomo, Sören/Schultz, Carsten/Kock, Alexander (2023). Innovationsmanagement. 7. Aufl. München, Verlag Franz Vahlen.

Heidrich, Jens/Jedlitschka, Andreas/Trendowicz, Adam/Vollmer, Anna Maria (2022). Building AI Innovation Labs together with Companies. Kaiserslautern.

Helfferich, Cornelia (2019). Interviewverfahren. In: Marius Harring/Carsten Rohlfs/Michaela Gläser-Zikuda (Hg.). Handbuch Schulpädagogik. 1. Auflage. Münster, Waxmann, 813–821.

Hevner, Alan R./Chatterjee, Samir (2010). Design research in information systems. Theory and practice. New York/London, Springer.

Hevner, Alan R./March, Salvatore T./Park, Jinsoo/Ram, Sudha (2004). Design Science in Information Systems Research. MIS Quarterly 28 (1), 75–105.

Hofbauer, Günter/Sangl, Anita (2018). Professionelles Produktmanagement. Der prozessorientierte Ansatz, Rahmenbedingungen und Strategien. 3. Aufl. Erlangen, Publicis Pixelpark.

Iansiti, Marco/Lakhani, Karim R. (2020). Competing in the age of AI. Strategy and leadership when algorithms and networks run the world. Boston, Massachusetts, Harvard Business Review Press.

Johannesson, Paul/Perjons, Erik (2014). An Introduction to Design Science. Cham, Springer International Publishing; Imprint: Springer.

Kanbach, Dominik K./Heiduk, Louisa/Blueher, Georg/Schreiter, Maximilian/Lahmann, Alexander (2023). The GenAI is out of the bottle: generative artificial intelligence from a business model innovation perspective. Review of Managerial Science. https://doi.org/10.1007/s11846-023-00696-z.

Keicher, Lukas/Ardilio, Antonino/Nawroth, Georg (2022). Boosting Innovation by Artificial Intelligence (AI): Effects and Potentials of AI in the Process of Innovating. In: 2022 Portland International Conference on Management of Engineering and Technology (PICMET), 2022 Portland International Conference on Management of Engineering and Technology (PICMET), Portland, OR, USA, 07.08.2022–11.08.2022. IEEE, 1–11.

Kelly, Jack (2023). Goldman Sachs Predicts 300 Million Jobs Will Be Lost Or Degraded By Artificial Intelligence. Forbes vom 2023. Online verfügbar unter https://www.forbes.com/sites/jackkelly/2023/03/31/goldman-sachs-predicts-300-million-jobs-will-be-lost-or-degraded-by-artificial-intelligence/?sh=2819d129782b (abgerufen am 13.11.2023).

Krogh, Georg von (2018). Artificial Intelligence in Organizations: New Opportunities for Phenomenon-Based Theorizing. Academy of Management Discoveries 4 (4), 404–409. https://doi.org/10.3929/ETHZ-B-000320207.

Kuckartz, Udo (2018). Qualitative Inhaltsanalyse. Methoden, Praxis, Computerunterstützung. 4. Aufl. Weinheim, Basel, Beltz Juventa.

Maslej, Nestor/Fattorini, Loredana/Brynjolfsson, Erik/Etchemendy, John/Ligett, Katrina/ Lyons, Terah/Manyika, James/Ngo, Helen/Niebles, Juan Carlos/Parli, Vanessa/Shoham, Yoav/Wald, Russell/Clark, Jack/Perrault, Raymond (2023). The AI Index 2023 Annual Report. Institute for Human-Centered AI, Stanford University. Stanford, CA.

Mayring, Philipp (2020). Qualitative Inhaltsanalyse. In: Günter Mey/Katja Mruck (Hg.). Handbuch Qualitative Forschung in der Psychologie. Band 2: Designs und Verfahren. 2. Aufl. Wiesbaden, Springer Fachmedien, 495–511.

McCarthy, John/Minsky, Marvin L./Rochester, Nathaniel/Shannon, Claude E. (1955). A Proposal for the Dartmouth Summer Research Project on Artificial Intelligence.

Meuser, Michael/Nagel, Ulrike (2013). Experteninterviews - wissenssoziologische Voraussetzungen und methodische Durchführung. In: Barbara Friebertshäuser/Antje Langer/ Annedore Prengel (Hg.). Handbuch Qualitative Forschungsmethoden in der Erziehungswissenschaft. 4. Aufl. Weinheim, Beltz Juventa, 457–471.

Müller-Prothmann, Tobias/Dörr, Nora (2020). Innovationsmanagement. Strategien, Methoden und Werkzeuge für systematische Innovationsprozesse. 4. Aufl. München, Hanser.

OpenAI (o.D.). API Reference. Introduction. Online verfügbar unter https://platform.openai.com/docs/api-reference/introduction.

Paschen, Jeannette/Kietzmann, Jan/Kietzmann, Tim Christian (2019). Artificial intelligence (AI) and its implications for market knowledge in B2B marketing. Journal of Business & Industrial Marketing 34 (7), 1410–1419. https://doi.org/10.1108/JBIM-10-2018-0295.

Peffers, Ken/Tuunanen, Tuure/Rothenberger, Markus A. (2007). A design science research methodology for information systems research. Journal of Management Information Systems (24), 45–77.

Pleschak, Franz/Sabisch, Helmut (1996). Innovationsmanagement. Stuttgart, Schäffer-Poeschel.

Popova, Maria (2011). Steve Jobs on Why Computers Are Like a Bicycle for the Mind (1990). Online verfügbar unter https://www.themarginalian.org/2011/12/21/steve-jobs-bicycle-for-the-mind-1990/ (abgerufen am 29.12.2023).

Prem, Erich (2019). Artificial Intelligence for Innovation in Austria. Technology Innovation Management Review 9 (12).

Prem, Erich (2022). A Knowledge-Based Perspective of Strategic AI Innovation Management. In: Stoyan Tanev/Helena Blackbright (Hg.). Artificial intelligence and innovation management. London, World Scientific, 37–62.

Ransbotham, Sam/Kiron, David/Gerbert, Philipp/Reeves, Martin (2017). Reshaping Business With Artificial Intelligence. Closing the Gap Between Ambition and Action.

Reichwald, Ralf/Piller, Frank (2006). Interaktive Wertschöpfung. Open Innovation, Individualisierung und neue Formen der Arbeitsteilung. Wiesbaden, Gabler.

Rüggeberg, Prof. Dr. Harald/Burmeister, Kjell (2008). Innovationsprozesse in kleinen und mittleren Unternehmen. 41. Aufl. IMB Institute of Management Berlin. Business & Management.

Russell, Stuart J./Norvig, Peter (2012). Künstliche Intelligenz. Ein moderner Ansatz. 3. Aufl. München, Pearson.

Schiffer, Christian/Gawlik, Philipp (2023). ChatGPT: So gut hat die KI das bayerische Abitur bestanden. Online verfügbar unter https://www.br.de/nachrichten/netzwelt/chatgpt-ki-besteht-bayerisches-abitur-mit-bravour,TfB3QBw (abgerufen am 29.12.2023).

Seifert/Bürger/Wangler/Christmann-Budian/Rohde/Gabriel/Zinke (2018). POTENZIALE DER KÜNSTLICHEN INTELLIGENZ IM PRODUZIERENDEN GEWERBE IN DEUTSCHLAND.

Shehu, Harisu Abdullahi/Ramadan, Rabie A/Sharif, Haidar (2021). Artificial Intelligence Tools and Their Capabilities. PLOMS Journal of Artifical Intelligence (PLOMS AI) (01), 13–19.

Siegel, Eric (2023). The AI Hype Cycle Is Distracting Companies. Online verfügbar unter https://hbr.org/2023/06/the-ai-hype-cycle-is-distracting-companies (abgerufen am 06.08.2023).

Szczepanski, Marcin (2019). Economic impacts of artificial intelligence.

Taulli, Tom (2023). Generative AI. How ChatGPT and Other AI Tools Will Revolutionize Business. Berkeley, CA, Apress; Imprint Apress.

Thom, Norbert (1980). Grundlagen des betrieblichen Innovationsmanagements. Teilw. zugl.: Köln, Univ., Diss., 1976. 2. Aufl. Königstein/Ts., Hanstein.

Ulrich, Karl T. (2008). Product design and development. 4. Aufl. Boston, McGraw-Hill.

Vahs, Dietmar/Brem, Alexander (2015). Innovationsmanagement. Von der Idee zur erfolgreichen Vermarktung. 5. Aufl. Stuttgart, Schäffer-Poeschel Verlag.

Verworn, Birgit/Herstatt, Cornelius (2000). Modelle des Innovationsprozesses. 6. Aufl. Hamburg. Online verfügbar unter https://nbn-resolving.de/urn:nbn:de:gbv:830-opus-1607.

Warschat, Joachim/Hemmje, Matthias/Schmitz, Michael/Ardilio, Antonino (2021). Methoden der Künstlichen Intelligenz. In: Wilhelm Bauer/Joachim Warschat (Hg.). Smart Innovation durch Natural Language Processing. Mit Künstlicher Intelligenz die Wettbewerbsfähigkeit verbessern. München, Hanser, 55–188.

Weber, Felix (2020). Künstliche Intelligenz für Business Analytics. Algorithmen, Plattformen und Anwendungsszenarien. Wiesbaden/Heidelberg, Springer Vieweg.

Weiber, Rolf/Kollmann, Tobias/Alexander, Pohl (2006). Das Management technologischer Innovationen. In: Michael Kleinaltenkamp (Hg.). Markt- und Produktmanagement. Die Instrumente des Business-to-Business-Marketing. 2. Aufl. Wiesbaden, Gabler, 83–208.

Weigand, Juliane/Hoffmann, Simon/Brantner, Yannick/Müller, Sarah/Ebner, Ralf/Klenk, Carolin/Ruzicic, Nada/Glück, Franziska/Zythke, Patrick (2021). Smart Innovation. Künstliche Intelligenz im Innovationsmanagement. Fraunhofer IAO. Stuttgart.

Wolff, Justus/Keck, Andreas/König, Andreas/Graf-Vlachy, Lorenz/Menacher, Julia (2019). Künstliche Intelligenz: Strategische Herausforderungen für etablierte Unternehmen. In: Robert Obermaier (Hg.). Handbuch Industrie 4.0 und digitale Transformation. Betriebswirtschaftliche, technische und rechtliche Herausforderungen. Wiesbaden/Heidelberg, Springer Gabler.

Yams, Nina Bozic/Richardson, Valerie/Shubina, Galina Esther/Albrecht, Sandor/Gillblad, Daniel (2020). Integrated AI and InnovationManagement: The Beginning of a Beautiful Friendship. Technology Innovation Management Review 10 (11), 5–18.

Yams, Nina Bozic/Shubina, Galina Esther (2022). What AI can do for Innovation Managers and Innovation Managers for AI. In: Stoyan Tanev/Helena Blackbright (Hg.). Artificial intelligence and innovation management. London, World Scientific, 11–36.

FSC
www.fsc.org
MIX
Papier | Fördert
gute Waldnutzung
FSC® C083411

Kolibri 360 GmbH
Ferdinand-Jühlke-Straße 7
99095 Erfurt, Deutschland
produktsicherheit@kolibri360.de